LE PLAISIR DU CINÉMA

ANALYSES ET CRITIQUES DES FILMS

José Moure

Archimbaud
Klincksieck

Essai caméra

collection dirigée par Frédéric Sojcher

6

déjà parus :

Jean-Jacques Rousseau, cinéaste de l'absurde

Michel Reilhac, *Plaidoyer pour l'avenir du cinéma d'auteur. Entretiens avec Frédéric Sojcher*

Sonia Schoonejans, *Une année avec Fellini. Journal de tournage*

Serge Regourd, *Les Seconds Rôles du cinéma français*

Frédéric Sojcher, *Pratiques du cinéma*

en couverture :
photogramme extrait des premiers plans
d'*Apocalypse Now* de Francis Ford Coppola, 1979. DR

isbn 978-2-252-03840-6

AVANT-PROPOS

QU'EST-CE QUI DU FILM PEUT S'ÉCRIRE ?

Cette question a sous-tendu l'écriture de l'ensemble des textes qui composent cet essai, moins comme un projet théorique que comme l'enjeu d'une expérience et d'une pratique personnelles, d'une relation amoureuse, attentive et inquiète à un objet, le film, dont le texte, comme l'écrivait Raymond Bellour, « est un texte introuvable, parce que c'est un texte incitable »[1]. Mouvante, prise dans un défilement continu, exposée à la durée variable du plan et à la discontinuité du montage, soumise à « des contraintes de représentation [qui] obligent à tout recevoir »[2], entraînée souvent dans la fuite en avant d'un récit..., l'image de cinéma, parce qu'elle est fuyante et trop riche dans sa matière sensible et perceptive, et parce que tout simplement elle n'est pas écrite, résiste à la description. Si elle peut être racontée, interprétée et même pensée, elle ne peut être décrite, ni exhaustivement, ni littéralement. Cette résistance est au cœur même de ce qui se joue dans toute approche analytique ou critique du cinéma. Elle constitue le défi d'écriture que celui qui analyse les films s'attache à relever.

1. Raymond Bellour, « Le texte introuvable », dans *L'Analyse du film*, Paris, Calmann-Lévy, 1995, p. 36.
2. Dans le même texte, « Le plein du cinéma », Roland Barthes poursuit : « d'un homme qui marche dans la neige, avant même qu'il signifie, tout m'est donné ; dans l'écriture, au contraire, je ne suis pas obligé de voir comment sont faits les ongles du héros – mais s'il lui en prend l'envie, le Texte me dit, et avec quelle force, les ongles trop longs de Hölderlin... », dans *Roland Barthes par Roland Barthes*, Paris, Seuil, « Écrivains de toujours », 1975, p. 59.

UN MONTAGE DE TEXTES

Conçu comme montage de textes, inédits ou parus dans des revues, récents ou plus anciens, différents dans leur nature, dans leur format, dans leur objet, cet essai vise à décliner et illustrer, par l'exemple, diverses manières dont peut s'analyser et s'écrire le cinéma. Variant les modes d'approche des œuvres (par le plan, par la séquence, par le film, par l'auteur...), alternant les standards et rythmes d'écriture (formes courtes/formes longues), modulant regard analytique et regard critique, couvrant un éventail très large de cinéastes et de films (du cinéma muet au cinéma le plus contemporain), il propose, plus qu'une méthode illustrée de l'analyse filmique, une poétique des films, une réflexion en acte sur l'art du film. Un art qui s'éprouve au contact des œuvres, au plus près de ce qui se joue au cœur des images en mouvement, dans le passage d'un plan à l'autre, dans la façon de raconter et de mettre en scène une histoire, dans ce rapport tendu et souvent mystérieux entre les partis pris du cinéaste et la sensibilité et l'intelligence du spectateur.

Le mouvement d'ensemble adopté est celui d'un lent travelling arrière qui conduit de l'analyse détaillée d'un plan unique au portrait de l'œuvre d'un cinéaste, d'une micro-lecture à une macro-lecture, d'un regard rapproché à un regard distant, d'un plan de détail à un plan général, comme s'il s'agissait de chercher, par ce recul progressif, la bonne distance (y en a-t-il une ?) entre le film et l'analyste, le critique ou le simple spectateur.

LE FILM EN GROS PLAN : COMMENT FILMER LES *INCIPIT* ?

Le premier chapitre, « Séquences en analyse : cérémonies d'ouverture » questionne les enjeux de l'*incipit* cinématographique à travers l'analyse très détaillée et suivie de sept ouvertures de films emblématiques :

- le plan inaugural de *La Prisonnière du désert* (*The Searchers*, 1956) de John Ford et le plan-séquence initial de *Scarface* (1932) de Howard Hawks qui mettent en scène, à travers un mouvement de caméra, la prémonition de l'arrivée du personnage principal pour l'un et son apparition sous forme d'ombre pour l'autre ;
- la séquence d'ouverture de *Haute Pègre*[3] (*Trouble in Paradise*, 1932) d'Ernst Lubitsch et celle de *La Marseillaise* (1937) de Jean Renoir qui, chacune à leur manière, organisent l'entrée dans la fiction autour de la tension entre ordre et désordre ;
- le début de *Fury* (1936) de Fritz Lang et celui d'*Apocalypse Now* (1979) de Francis Ford Coppola qui impriment dans le tissu même du commencement la fatalité de la fin ;
- les neuf plans du prologue d'*India Song* (1974) de Marguerite Duras qui installent peu à peu la naissance incertaine de la représentation pour aussitôt la mettre en doute…

LE FILM EN PLAN MOYEN : STRUCTURE ET SIGNIFICATION

Le deuxième chapitre, « Films en étude : structure et signification », aborde le texte filmique en plan moyen. À travers trois études consacrées au *Tartuffe*[4] et à *L'Aurore* de Murnau puis à *To Be or Not to Be*[5] de Lubitsch, l'enjeu est de montrer que la signification de ces trois œuvres, dont deux (*Tartuffe* et *To Be or Not to Be*) questionnent le rapport entre cinéma et théâtre, est en grande partie contenue dans leur structure formelle, dans les lois de leur organisation interne et dynamique. Le parti pris qui guide ces analyses de films entiers

3. « *Trouble in Paradise* d'Ernst Lubitsch ou le trouble des commencements », texte initialement paru dans *Le Trouble, Recherches en Esthétique*, Revue du CEREAP, n° 17, décembre 2011, p. 59-67.
4. « *Tartuffe* de Murnau : sous le masque de la théâtralité », texte initialement paru dans *Le Théâtre à l'écran, CinémAction* n° 93 (dir. René Prédal), 1999, p. 17-25.
5. « *To Be or not to Be* d'Ernst Lubitsch : le théâtre ou la vie », texte initialement paru dans *Le Théâtre à l'écran, op. cit.*, p. 26-33.

repose sur la conviction que chaque film « constitue un organisme indépendant, un absolu qui se suffit à lui-même, un ensemble qui se comprend et s'éclaire par lui-même »[6].

LE FILM EN PLAN D'ENSEMBLE : LA CRITIQUE DE FILM

Parmi les divers modes d'appréhension du film, la critique cinématographique constitue un moment singulier où l'œuvre, loin d'être analysée dans le détail des éléments qui la composent et la tissent, est saisie au vol, en survol, en un bref plan d'ensemble qui fixe, dans le mouvement de l'écriture, l'impression qu'elle laisse sur le spectateur-critique juste après son visionnement en salle. Cette impression convoque et synthétise, dans un idéal très difficilement atteint, les trois types de jugement sur le film répertoriés par Alain Badiou, dans « Peut-on parler d'un film ? » :

– un « *jugement indistinct* » qui consiste à « dire "ça m'a plu" ou "ça ne m'a pas plu" »[7] ;
– « *un jugement diacritique* » qui « cherche à désigner une singularité dont l'auteur est l'emblème »[8] ;
– et « une *attitude axiomatique* qui demande quels sont pour la pensée les effets de tel ou tel film »[9] et qui « examine les conséquences du mode propre sur lequel une idée est [traitée] par ce film ». Et Badiou d'ajouter : « Les considérations formelles de coupe, de plan, de mouvement global ou local, de couleur, d'actants corporels, de son, etc. ne doivent être citées qu'autant qu'elles contribuent à la "touche" de l'idée et à la capture de son impureté native. »[10] Outre les contraintes qu'impose à la critique sa forme brève, la difficulté

6. Jean Rousset, *Forme et signification*, Paris, Librairie José Corti, 1962, p. XX.
7. Alain Badiou, « Peut-on parler du cinéma ? », conférence prononcée au Studio des Ursulines le 7 juin 1994. Texte repris dans *L'Art du cinéma*, n° 4.
8. *Ibid.*
9. *Ibid.*
10. *Ibid.*

principale qu'il y a, comme le rappelle Alain Badiou, « à parler axiomatiquement d'un film : c'est d'en parler en tant que film »[11].

Afin d'illustrer cette tentative, souvent vouée à l'échec, d'approche critique des films, le troisième chapitre intitulé « Mosaïque critique : d'un film l'autre » réunit quatorze courtes critiques parues dans *Les Lettres françaises* et regroupées autour de cinq rubriques qui déclinent cinq enjeux et parfois plaisirs de la critique cinématographique :

– la découverte de cinéastes inconnus imposés par un film : « promesse d'œuvres » (*Honor de Cavalleria* d'Albert Serra, *Le Dernier des fous* de Laurent Achard, *Élève libre* de Joachim Lafosse) ;

– les retrouvailles avec des cinéastes admirés : « la Nouvelle Vague cinquante ans après » (*Ne touchez pas à la hache* de Jacques Rivette, *Les Amours d'Astrée et de Céladon* d'Éric Rohmer) ;

– le voyage à travers l'imaginaire d'une nation et la puissance de son cinéma : « America, America » (*INLAND EMPIRE* de David Lynch, *Into the Wild* de Sean Penn, *The Dark Knight* de Christopher Nolan) ;

– l'accompagnement de l'œuvre d'un cinéaste : « trois fois les frères Coen » (*No Country for Old Men*, *A Serious Man*, *True Grit*) ;

– la mise en question éthique et politique d'un film et de ses partis pris esthétiques : « l'éthique et l'esthétique sont un » (*Hunger* de Steve McQueen, *Le Ruban blanc* de Michael Haneke, *L'Antichrist* de Lars von Trier).

LE FILM EN PLAN GÉNÉRAL : PARCOURS DE CINÉASTES

Le quatrième chapitre intitulé « Portraits en œuvre : parcours de cinéastes » se propose, en un dernier élargissement du cadre, de ressaisir les films dans le mouvement d'ensemble d'une filmographie et dans le parcours cinématographique de leurs auteurs. Derrière la succession des films, l'enjeu est de retrouver le fil d'une idée en mouvement qui porte à la fois l'empreinte d'une perception particulière du monde et du cinéma et la marque d'une pratique esthétique et

11. *Ibid.*

d'une conception générale de la fabrication d'un film. Cette idée-œuvre, il s'agit ici :
– d'en saisir l'ombre dans la mélancolie et la simplicité du geste cinématographique avec lequel John Ford a tourné ses derniers films[12] ;
– d'en identifier la psychologie et l'action dans la façon dont Samuel Fuller appréhende la guerre au cinéma comme une dramaturgie de l'extrême[13] ;
– d'en dénoncer la paresse dans la manière dont Woody Allen gère sa filmographie et son rapport au cinéma[14] ;
– d'en retracer en pointillé le destin singulier dans une approche croisée ou parallèle des œuvres d'Edward Yang et Hou Hsiao Hsien[15], d'Ingmar Bergman et Michelangelo Antonioni[16], et dans un hommage particulier au cinéma de Danièle Huillet et Jean-Marie Straub[17].

Comme l'écrit Jean Rousset, « les ressemblances dans la diversité et les permanences dans la succession sont souvent les signes d'une identité profonde »[18]. Mais dans la quête de cette identité profonde d'une œuvre et du parcours d'un cinéaste, ce ne sont peut-être déjà plus les films existants qui sont analysés, mais ce film idéal que le cinéaste n'a jamais tourné et qui est reconstruit à la lumière d'une œuvre utopique, comme s'il s'agissait pour l'analyste ou le critique de « restituer l'œuvre latente pour mieux saisir l'œuvre concrète »[19]. Qu'est-ce qui d'un film peut s'écrire dès lors, si ce n'est son absence

12. « John Ford ou l'automne d'un cinéaste », texte initialement paru dans *Les Lettres françaises*, février 2005.
13. « L'apocalypse guerrière selon Samuel Fuller », texte initialement paru dans *L'Armée à l'écran*, *CinémAction* n° 113 (dir. Sébastien Denis), 2004.
14. « Woody Allen : un art de la gestion », texte initialement paru dans *Contrebande, Deconstructing Woody*, n° 3, avril 1997.
15. « Entre parallèles et parenthèses : découvrir Edward Yang », texte initialement paru *Les Lettres françaises*, octobre 2005.
16. « Portrait croisé d'Ingmar Bergman et Michelangelo Antonioni », texte initialement paru dans *Les Lettres françaises*, septembre 2007.
17. « Le cinéma des Straub ou la force reproductive du cinéma » et « Trois films de(s) Straub », textes initialement parus dans *Les Lettres françaises*, novembre 2006 et mai 2009.
18. Jean Rousset, *Forme et signification*, *op. cit.*, p. XXII.
19. *Ibid.*

ou sa latence, le désir irréalisé de combler la privation de la présence irréductible des œuvres et du contact irremplaçable avec la matière sensible et signifiante de leurs images en mouvement.

CHAPITRE 1
SÉQUENCES EN ANALYSE : CÉRÉMONIES D'OUVERTURE

« Le Lapin Blanc mit ses lunettes. "S'il plaît à Votre Majesté, demanda-t-il, par où dois-je commencer ?
– Commencez par le commencement dit, d'un ton empreint de gravité, le Roi, et continuez jusqu'à ce que vous arriviez à la fin ; ensuite arrêtez-vous." »
(Lewis Caroll, *Les Aventures d'Alice au Pays des merveilles*)

I
PLANS INAUGURAUX

THE SEARCHERS DE JOHN FORD : UNE PORTE S'OUVRE...

Comme les *incipit* de romans, il est des premiers plans de films qui restent gravés dans la mémoire parce qu'ils portent en eux la solennité sacrale d'un acte d'inauguration, parce qu'ils exorcisent l'arbitraire de l'acte de commencement et font du commencement un moment décisif. Moment qui, ne pouvant encore se résorber dans ce que l'image montre ou raconte, marque le passage du non-être à l'être, du possible au réel, de l'obscurité à la lumière..., et s'institue en ouverture de la fiction, en seuil ouvert sur un univers imaginaire, encore inconnu du spectateur.

Parmi tous les *incipit* cinématographiques, celui de *The Searchers* (*La Prisonnière du désert*), tourné par John Ford en 1955 et sorti en 1956, est sans doute l'un des plus célèbres et des plus mythiques, car s'y attache l'aura d'un pouvoir démiurgique : *Fiat lux, fiat fabula*, qui concentre en un seul plan l'évidence et la violence propres au commencement.

Le générique s'est inscrit sur un fond figurant un mur de briques, accompagné par la chanson de Stan Jones qui s'intitule elle aussi : *The Searchers*, et dont le couplet chanté a posé les interrogations essentielles de l'histoire à venir :

> *What makes a man to wander?*
> *What makes a man to roam?*
> *What makes a man leave bed and board,*
> *And turn his back on home?*
> *Ride away* (ter)...[1]

1. « Qu'est-ce qui pousse un homme à errer, à renoncer au gîte et au couvert, à quitter son foyer? Chevauche au loin *(ter)*. »

Après ce générique qui, visuellement (mur de briques + graphie des caractères) et musicalement (la ballade), a rattaché le film au genre du western, le noir a envahi l'écran et sur ce noir inaugural, avant même qu'une seule image se soit formée, est apparue l'indication : « *Texas, 1868* » qui confère un cadre spatio-temporel au récit à venir. La date, 1868, renvoie explicitement à l'après-guerre civile, trois années après que le général confédéré Robert Lee s'est rendu au général Ulysse S. Grant à Appomattox (9 avril 1865), mettant un point final à la guerre de Sécession. Le lieu : le Texas, que John Ford transplantera dans *son* paysage de Monument Valley, est alors un État frontalier qui ne fait pas encore partie des États récemment unifiés d'Amérique et dont l'espace est farouchement défendu par les tribus indiennes qui ne se résignent pas à céder leurs terres aux colons blancs arrivés de l'Est...

Une fois le genre suggéré, les coordonnées spatio-temporelles de l'histoire précisées et les dernières notes de la ballade terminées, le film peut commencer..., ou recommencer à partir du noir originel qui semble renfermer la part obscure et refoulée de non-dit sur laquelle le récit va se construire.

Une lame de lumière aveuglante troue l'écran noir. Cadrée depuis l'intérieur obscur d'une maison, une porte s'ouvre sur l'extérieur et laisse apparaître la silhouette, à contre-jour, d'une femme (le spectateur ne sait pas encore qu'elle s'appelle Martha et qu'elle est interprétée par Dorothy Jordan). Elle se découpe, de dos, en plan taille, dans l'embrasure de la porte qui forme au centre du rectangle sombre de l'écran un carré lumineux où se dessine, comme en projection, une étendue désertique délimitée à l'arrière-plan par une mesa[2]... Après s'être appuyée un instant sur la porte qu'elle vient d'ouvrir, la silhouette féminine, dont nous emboîtons le pas pour entrer avec elle dans le récit, s'avance, sort de l'ombre et se retrouve sous ce qui paraît être un auvent qui délimite la partie supérieure du cadre, devenu panoramique, où se déploie désormais sur toute la

2. Le spectateur, habitué des westerns de John Ford, reconnaît immédiatement le territoire de Monument Valley.

largeur de l'écran un paysage désertique. Là, s'appuyant de sa main droite sur un pilier de l'auvent, légèrement décentrée sur la gauche du cadre, le col de sa robe bleue, son tablier blanc et ses cheveux agités par le vent du désert..., elle scrute un horizon vide d'où rien ne semble vouloir se détacher, si ce n'est la présence minérale et intemporelle, au loin, d'une mesa et de deux buttes..., et une tâche sombre, minuscule dont on distingue à peine le mouvement parmi les touffes de végétation clairsemées.

Ce que donne à voir ce plan de vingt secondes, c'est d'abord un événement purement visuel : le processus de naissance d'une image filmique. Il y a d'abord le noir, celui de la chambre obscure qui est à la fois la chambre noire de la caméra et la salle obscure dans laquelle est assis le spectateur. Puis surgit la lumière qui déchire le noir et laisse se dessiner un cadre avec l'embrasure de la porte s'ouvrant sur le désert et sur l'histoire qui va nous être racontée. Il y a ensuite un corps-ombre qui nous sert de guide dans cette entrée en fiction qui est aussi une sortie de chez soi, sortie hors de soi, ouverture vers l'autre. Il y a enfin un mouvement de caméra, travelling avant, qui nous faisant passer de l'ombre à la clarté, donne couleur et relief au corps de la femme, élargit le cadre de l'image à la dimension de l'écran et déploie en une vue panoramique le paysage de Monument Valley, une image tendue vers le vide, vers une absence qu'il s'agira de combler. Le film peut commencer : il suffira d'un contrechamp à 180° sur la femme de face levant sa main gauche afin de protéger ses yeux de la lumière... pour que le spectateur bascule dans la fiction, suspendu à ce regard féminin qui voit arriver, au loin, du désert, on ne sait exactement d'où, ni pourquoi, un cavalier...

Ce plan d'ouverture, ouverture de porte et ouverture de la fiction, installe d'emblée un contraste violent entre le noir et la clarté, entre l'ombre faussement protectrice et la lumière aveuglante. Si ce contraste renvoie à l'opposition, fondatrice chez John Ford, entre le dedans et le dehors, entre la maison et le désert, entre le foyer et l'espace de l'errance, entre l'espace domestique féminin et les grands espaces masculins, entre le monde civilisé et le territoire sauvage..., il condense aussi plastiquement par sa composition (plan cadré depuis l'intérieur et l'ombre du hors-champ), la tension qui s'instaurera tout au long du film entre ce qui est dit et montré et ce qui est refoulé par la narration et expulsé de la représentation[3]. Cette obscurité à partir de laquelle l'image prend corps et s'énonce suggère dès ce premier plan la part d'ombre sur laquelle va se construire le récit, laissant affleurer cet inconscient du film, cet en deçà de la représentation qui ne cessera de travailler l'image et la narration comme une doublure invisible tissée de manques, de non-dits[4].

Parmi ces non-dits, il en est un qui hante ce plan inaugural et résonne comme un écho aux paroles de la chanson qui accompagnait le générique. À la question posée par la ballade : « Qu'est-ce qui pousse un homme à errer, à renoncer au gîte et au couvert, à quitter son foyer ? », ce premier plan répond par une autre question, implicite, muette, mais qui lui est intimement liée : « Qu'est-ce qui pousse une femme à sortir de chez elle et scruter le lointain sous l'auvent de sa maison ? » Quel est l'instinct qui guide Martha, lorsqu'elle ouvre la porte de sa demeure et regarde au loin, comme si elle pressentait quelque chose, comme si elle était appelée par une voix intérieure, un sixième sens ?

3. À six autres reprises, au cours de *La Prisonnière du désert*, John Ford reprendra ce dispositif de surcadrage qui consiste à filmer depuis l'intérieur, à travers une ouverture, l'espace extérieur. Six moments forts, six plans qui porteront l'empreinte et la mémoire de ce plan inaugural comme autant de déclinaisons :
– le plan de l'arrivée de Martin Pawley dans la maison de ses parents adoptifs (sa première apparition dans le film !) cadrée à travers l'embrasure de la porte de derrière de la ferme des Edwards, la même ferme où était arrivé Ethan mais par la porte principale…
– le plan dramatique qui montre Ethan filmé depuis le seuil du réduit où gît, hors-champ, le cadavre mutilé de Martha après le massacre perpétré par les Indiens…
– le plan de la première arrivée à la maison des Jorgensen qui clôt le premier périple d'Ethan et Martin…
– le plan pris de l'intérieur d'une grotte où se réfugient Martin et Ethan alors qu'ils fuient Scar…
– le plan filmé de l'intérieur d'une grotte où se réfugie Debbie alors qu'elle fuit Ethan…
– le plan final, symétrique du premier, pris de la maison des Jorgensen, dont la porte se referme sur l'intimité du foyer, réabsorbant les personnages dans le noir antérieur au récit…
4. Cf. José Moure, « *La Prisonnière du désert* : le vide comme cicatrice », dans *Vers une esthétique du vide au cinéma*, Paris, L'Harmattan, 1997, p. 67-76.

Dans le scénario écrit par Frank S. Nugent, c'était Ethan (interprété par John Wayne) qui apparaissait le premier et c'était Debbie qui sous l'auvent voyait le cavalier approcher. Elle était rejointe ensuite par Aaron son père et enfin par Lucy (sa sœur aînée), Martha (sa mère), Ben (son petit frère) et même Martin (le fils adoptif). Le changement effectué par John Ford dans l'ordre de présentation des personnages tend non seulement à accorder à la figure de la mère, comme pilier du foyer, une place privilégiée, mais il met l'accent sur le lien affectif intense qui unit Martha à Ethan, son beau-frère. Ce lien que jamais le film n'explicitera si ce n'est indirectement par des regards furtifs ou des gestes (Martha caressant le manteau d'Ethan ; Ethan déposant un baiser sur le front de Martha), trouve son premier indice et son expression cinématographique dans la mise en scène même de ce premier plan. Pour suggérer l'idée que Martha sort de chez elle mue par une force mystérieuse qui échappe à toute explication rationnelle, John Ford choisit d'accompagner sa sortie par un travelling avant qui non seulement suit le personnage, mais semble même impulser son mouvement et le pousser lui et le spectateur vers l'extérieur. Au lieu d'épouser le déplacement du corps ou de le suivre avec un imperceptible temps de retard comme si elle était subordonnée à la volonté de Martha, la caméra anticipe sur l'avancée du personnage, déclenchant le travelling avant même que la silhouette féminine ne se mette en mouvement. À travers cet infime décalage, marque d'énonciation forte qui, l'espace d'un instant, vient subtilement troubler la transparence de la représentation naissante, c'est la cristallisation d'un pressentiment, d'une intuition qui ne connaît pas encore sa cause que John Ford inscrit au cœur de l'image. En désynchronisant imperceptiblement l'énoncé (une femme ouvre une porte et sort...) de son énonciation (un travelling avant accompagne son mouvement...), il donne à sentir au spectateur que quelque chose se joue ici qui n'est pas encore et ne sera jamais ouvertement formulé par le film : un événement intérieur dont la caméra, telle un sismographe, traduit l'imperceptible onde de choc et qui explique pourquoi une femme pressent l'arrivée d'un cavalier dont elle devine l'identité, comme si elle n'avait cessé de l'attendre... Si le travelling est souvent une affaire de morale, il peut être aussi une affaire de cœur. Et chez Ford le cœur et la morale font toujours bon ménage.

SCARFACE DE HOWARD HAWKS : UNE OMBRE APPARAÎT...

Nulle affaire de cœur ou de morale dans le plan mémorable, un plan-séquence impressionnant de trois minutes, qui ouvre *Scarface* (*Scarface : Shame of a Nation*, 1932) de Howard Hawks, mais peut-être une affaire de civisme si l'on en croit l'avertissement initial placardé à la fin du générique, sous la pression des censeurs hollywoodiens, appelant, face à « la loi de la pègre », à une prise de conscience aussi bien des autorités gouvernementales que du spectateur :

> Ce film est un réquisitoire contre la loi de la pègre qui sévit aux États-Unis dans l'indifférence du gouvernement face à cette menace grandissante pour notre sécurité et notre liberté.
> Les événements relatés dans ce film sont tous inspirés de faits réels. Et nous avons voulu, avec ce film, poser la question au gouvernement : « qu'allez-vous faire contre ce fléau ? Le gouvernement c'est vous. Alors que comptez-VOUS faire contre ce fléau ? »

Venant immédiatement à la suite de cet avertissement solennel, le plan-séquence inaugural de *Scarface* interpelle lui aussi le spectateur américain du début des années trente. Au-delà de sa virtuosité époustouflante et de sa singularité (il est le seul plan-séquence du film !) qui le détachent stylistiquement de ce qui va suivre et opèrent comme une signature apposée par Hawks au fronton de son œuvre, il instaure d'emblée un rapport de continuité entre la rue et l'écran, entre la ville et le cinéma, entre le monde du spectateur et celui des gangsters dans lequel va se dérouler le film, entre le *Vous* auquel s'adresse l'avertissement et ce fléau auquel le film va donner un visage terrifiant.

C'est dans la rue, au petit matin, quand la ville se réveille, à l'heure où le livreur de lait fait sa distribution et où les employés des cafés terminent leur nuit de service, que Howard Hawks a choisi de commencer son plan-séquence. Comme s'il avait voulu prévenir les spectateurs que la scène, et par extension l'histoire, qu'il va raconter non seulement est inspirée de faits réels, mais qu'elle se déroule dans leur ville, tout près de chez eux, à leur porte, là même où ils travaillent et gagnent honnêtement leur vie Cette proximité est figurée par la continuité du trajet de la caméra qui conduit de la rue où deux hommes commencent et finissent respectivement leur journée de travail, jusqu'à l'arrière-salle du restaurant où un gros bonnet de la mafia est froidement assassiné par un tueur fantomatique venu de la profondeur du champ et dont on ne verra que l'ombre.

Si l'on suit le plan-séquence dans la continuité et la complexité de son mouvement, voici comment il se présente.

Le plan s'ouvre sur une vue nocturne en forte contre-plongée d'un réverbère sur lequel est fixée, formant une croix avec celui-ci, une plaque de rue « *22nd Street* » qui, sans nommer la ville, suggère que nous sommes à Chicago dans les années vingt. Lorsque le réverbère s'éteint, signalant la fin de la nuit, la caméra se met en mouvement. Dans un travelling-panoramique vers la droite, elle laisse apparaître un livreur de lait et sa charrette, puis une enseigne lumineuse indiquant « Costillo Café », avant de venir cadrer un employé du café qui, en sortant de son établissement, s'étire en bâillant, salue le laitier, replie un panneau annonçant une fête privée et le porte à l'intérieur. Traversant un mur du décor, puis glissant derrière une forêt de plantes et de serpentins qui envahissent une salle luxuriante et lumineuse, la caméra accompagne l'homme qui, poussant son chariot de nettoyage, balaie les cotillons et confettis de la fête, avant de découvrir parmi un tas de serpentins un soutien-gorge oublié, dans lequel il trouve un billet qu'il s'empresse de cacher sous sa chemise. Cette petite compromission de l'homme de la rue qui à la fois représente le spectateur et lui sert de guide pour son entrée dans la fiction suggère d'emblée l'attitude complice entre les citoyens ordinaires et le monde de la pègre.

C'est justement à ce moment que la caméra-témoin, attirée par des voix hors-champ, décide d'abandonner l'employé et de continuer son trajet jusqu'à une table où trône, entouré de deux acolytes silencieux, celui qui semble avoir été le maître de cérémonie et le roi de la soirée. Une couronne en papier sur la tête, et parlant avec un fort accent italo-américain, Big Louis, c'est ainsi qu'il s'appelle lui-même, critique son rival Johnny Lovo, fanfaronne, content de lui, de son sort et de tout ce qu'il possède (« Je suis un homme comblé, j'ai une maison, une voiture, une jolie femme ») ; il promet pour la semaine suivante à ses deux compères qui s'apprêtent à se retirer, une soirée encore plus réussie. La première image qui nous est donnée du gangster est celle d'un homme, sympathique et bon vivant, bien en chair et bavard, qui a pignon sur rue et porte, comme seul attribut de sa puissance, une couronne en papier.

Resté seul, Big Louis se dirige entre les tables et les reliefs de la fête, vers une cabine téléphonique. La caméra l'accompagne à distance et, quand il s'arrête pour téléphoner, s'arrête avec lui, mais le laisse décentré à l'image, relégué à gauche du cadre, ouvrant sur sa droite dans la profondeur du champ un long couloir vide dont la nudité géométrique contraste avec la luxuriance de la salle où s'est tenue la fête. Le déséquilibre de la composition de l'image ainsi que le brusque changement de décor qui de foisonnant et festif devient brusquement austère et menaçant manifeste la fragilité de Big Louis qui, quelques instants auparavant, se voyait au sommet du monde.

À peine Big Louis a-t-il introduit un jeton dans l'appareil et commencé sa conversation téléphonique, qu'apparaît dans la profondeur du champ, au fond du couloir, une ombre minuscule entrant par la porte arrière du restaurant. La caméra, comme si elle réagissait à cette irruption, se remet alors en mouvement, semble vouloir s'approcher du mafieux en le recadrant au centre de l'image dans l'embrasure de la porte de la cabine téléphonique. Mais elle change soudainement de direction et, en un rapide travelling panoramique vers la droite, vient cadrer l'ombre qui avance en sifflotant un air de Verdi. Le temps d'un rapide mouvement de caméra, la silhouette entr'aperçue au fond du couloir est devenue envahissante et se découpe désormais en plan rapproché sur le mur. Du personnage bon enfant de Big Louis humain, trop humain, dont le comportement et les paroles le rapprochent du commun des mortels, on est passé, sans autre transition qu'un rapide travelling panoramique, à un personnage fantomatique venu de nulle part, du plus profond du champ, et s'insinuant insidieusement dans le décor en glissant le long des murs, sur le mode discontinu de l'apparaître et du disparaître. Cette mutation radicale dans la nature des êtres figurés à l'écran est matérialisée par la façon dont les deux personnages habitent l'image et se meuvent dans l'espace, comme s'ils appartenaient à deux mondes différents qui coexisteraient dans le même plan : la présence incarnée et statique de l'un s'opposant la présence immatérielle, insaisissable et désincarnée de l'autre dont les déplacements dans l'espace ne semblent pas répondre aux règles de la physique.

Une fois qu'elle a rejoint l'ombre, la caméra inverse le sens de son mouvement pour la suivre dans son avancée le long d'un mur blanc. Quand la silhouette s'arrête, se découpant en ombre chinoise à travers un paravent de verre dépoli, la caméra suspend aussi son mouvement : l'homme, ou plutôt son ombre, sort un revolver et après l'avoir interpellé, tire sur Big Louis qui est au téléphone hors-champ. On voit l'assassin à travers l'écran du paravent essuyer le revolver et le jeter au sol provoquant un nouveau mouvement de la caméra, qui, suivant la direction du revolver, se déplace vers la gauche, mettant hors-champ l'assassin et dans le champ le corps de Big Louis étendu à terre. Premier d'une longue série, cet assassinat marque l'intrusion dans la société d'un nouveau type de gangster, inhumain et aux pulsions destructrices, et scelle la naissance, en tant que personnage, de celui qui sera le héros du film, dont l'ombre se projette, derrière le paravent, comme sur un écran de cinéma.

Attiré par le coup de feu, l'employé que la caméra avait suivi au début du plan-séquence entre dans le champ, regarde le corps d'un air effrayé, puis s'empresse d'enlever son tablier, de mettre sa veste et son chapeau et de quitter le lieu du crime, sortant du champ par la gauche, dans la direction opposée à celle du meurtrier, suivi par un dernier mouvement de caméra..., tandis que résonne toujours le sifflotement de l'assassin. La fuite de l'employé, qui a vu passer tout près de lui l'ombre de la mort, boucle le plan-séquence et résonne comme un avertissement adressé au spectateur pour lui signifier qu'il ne peut plus fermer les yeux devant ce fléau qui menace désormais sa sécurité et la société américaine.

II
DÉSORDRES INITIAUX

TROUBLE IN PARADISE D'ERNST LUBITSCH : « *BEGINNINGS ARE ALWAYS DIFFICULT...* »

> Le sentiment de désarroi que donne un roman quand on commence à le lire, ça ne me déplaît pas, mais si le premier effet est celui de brouillard, je crains que mon plaisir de lire s'envole dès que le brouillard sera dissipé.[1]

La séduction qu'opère, au sens propre du terme, le commencement d'un film tient parfois à cet « effet de brouillard » évoqué par la lectrice-protagoniste du roman d'Italo Calvino, *Si par une nuit d'hiver un voyageur*. Car ce lieu stratégique qu'est l'incipit cinématographique est souvent un lieu de désorientation, de perdition qui, tout en capturant le spectateur dans les filets de la fiction, lui donne un délicieux sentiment de désarroi quand, confronté aux premiers plans d'un film, il se sent dépossédé de tous ses désirs, frustré de toutes ses attentes, contraint de chercher des repères qui se dérobent à son intelligence et parfois même à sa perception. S'il y a trouble, c'est parce que le fonctionnement attendu de l'ouverture se trouve altéré. Un voile vient obscurcir l'entrée en fiction du spectateur, rendre ce moment trouble à son esprit : non seulement il ne reconnaît pas ce qu'il espérait reconnaître sur l'écran (le style du cinéaste, son univers, l'horizon d'attente suscité par le titre...), mais il se reconnaît à peine dans les images et les sons qui lui sont proposés, comme s'il s'était trompé de film ou qu'il y était entré par la mauvaise porte ou au mauvais moment. Ce trouble des commencements, le cinéaste berlinois Ernst Lubitsch a toujours pris un malin plaisir à le cultiver en ouvrant ses œuvres sur des séquences qui déstabilisent le spectateur, l'exposent au jeu des apparences trom-

1. Italo Calvino, *Si par une nuit d'hiver un voyageur*, Paris, Seuil, 1981, p. 33.

peuses, au trouble des identités et créent un espace ironique où le film, dans un jeu subtil entre révélation et dissimulation, semble dévoiler ses artifices, ses coulisses et les stratégies d'illusion qu'il s'apprête à mettre en œuvre. L'une des ouvertures les plus troublantes conçues par le cinéaste de *To Be or Not to Be* est assurément celle du film intitulé justement *Trouble in Paradise* (1932), titre oxymorique judicieusement traduit dans sa version française par *Haute Pègre*.

Située au sommet de la carrière de Lubitsch (carrière qui commence en 1914 en Allemagne et s'achève en 1947 aux États-Unis où il arrive en 1922), cette comédie sophistiquée, élégamment amorale – première comédie non musicale qu'il tourne depuis l'avènement du parlant – est, avec *Ninotchka* et *Rendez-vous* (*The Shop Around the Corner*) l'une des œuvres préférées du cinéaste. L'histoire se déroule en Europe dans deux hauts lieux du luxe et du romantisme, Venise, puis Paris ; elle a pour toile de fond la dépression économique et la décadence morale d'une haute société qui cherche à masquer la perte ou l'oubli de ses valeurs dans la satisfaction immédiate de ses désirs et de ses passions les plus terrestres. L'intrigue, comme le rappellent Eithne et Jean-Loup Bourget, peut être « facilement réduite à sa plus simple expression. Un couple d'escrocs amoureux (Herbert Marshall, Miriam Hopkins) s'introduit chez une veuve extraordinairement riche (Kay Francis) afin de la dépouiller. Malheureusement, l'homme s'éprend de sa victime. Le couple se ressoude malgré ce vol quelque peu escamoté »[2]. Revenant sur l'ensemble de son œuvre, dans une lettre adressée au critique Herman G. Weinberg, datée du 10 juillet 1947, quelques mois avant sa mort (le 30 novembre 1947), le cinéaste confiait : « Du seul point de vue du style, je pense n'avoir rien fait de meilleur, ou d'aussi bon, que *Haute Pègre*. »[3] Si l'on ne peut que souscrire aux propos de l'auteur sur la qualité de sa création, on est cependant surpris de constater que cette perfection du style qu'il revendique non sans quelque nostalgie et que l'on doit rechercher dans la pureté et la transparence cristalline de sa mise en

2. Eithne et Jean-Loup Bouget, *Lubitsch ou la satire romanesque*, Paris, Flammarion, « Champs Contre-Champs », 1987, p. 94-95.
3. Herman G. Weinberg, *Ernst Lubitsch, The Lubitsch Touch*, Paris, Ramsay, 1994, p. 182.

scène, ne semble pas être au rendez-vous de la première séquence de ce qu'on a coutume d'appeler le prologue vénitien de *Trouble in Paradise*, où Lubitsch semble jouer le jeu de l'impur, de la dissonance. Comme si paraphrasant stylistiquement et thématiquement son titre, il avait voulu commencer par filmer le trouble au paradis.

Le générique suggère d'ailleurs très malicieusement cette idée. Il s'ouvre sur le logo de la Paramount et de sa montagne qui très vite est effacé par l'apparition en fondu d'un ciel sombre et nuageux sur lequel apparaît non pas, comme attendu, le titre entier du film, mais un fragment : *Trouble in* auquel est immédiatement associé le dessin d'un grand lit richement décoré qui semble flotter dans les nuages et sur lequel trônent deux oreillers. Entre le problème (*trouble* en anglais) et le lit, une relation évidente s'établit jusqu'à ce qu'apparaisse le titre complet *Trouble in Paradise* qui identifie le paradis au lit (lit/paradis), permettant ainsi la double interprétation du lit comme problème ou du lit comme paradis... Quand le mot *Paradise* vient compléter le titre, un nouveau fondu enchaîné transforme le lit et le ciel en un pont dans une Venise nocturne qui se distingue à peine dans le flou d'une image obscure sur laquelle le point n'a pas été fait et vient s'inscrire le générique. De la montagne au ciel nuageux, du ciel au lit, du lit au pont vénitien, du trouble sexuel au paradis des amoureux, le générique esquisse ainsi une série de correspondances visuelles et sémantiques qui annoncent le registre trouble sur lequel va évoluer le film et laissent entendre peut-être que du lit au paradis il y a aussi loin que de la coupe aux lèvres. Accompagnant le défilement du générique, les paroles de la chanson originale composée pour le film et interprétée par un ténor romantique sur un rythme de fandango, ne manquent pas elles aussi de rappeler aux amoureux et aux spectateurs la difficulté du paradis :

Most any place can seem to be a paradise
While you embrace, just the one that you adore
There needn't be an apple tree with magic powers
You need no garden filled with flowers
To taste the thrill of sweet greed hours
Gentle perfume and cushions that are silk and soft

Two in the gloom that is silent but for sighs
That's paradise while arms entwine and lips are kissing
But if there's something missing, that signifies
Trouble in paradise.

La séquence d'ouverture, qui est constituée de quatorze plans et dure un peu moins de quatre minutes, confirme la logique déceptive annoncée par la chanson qui donne son titre au film. Une première scène nocturne (plans 1 à 3) présente un gondolier vénitien qui vient chercher une poubelle, déverse les ordures dans sa gondole puis repart en chantant *O sole mio*. D'emblée Lubitsch trompe l'attente du spectateur, brouille ses repères en le faisant entrer dans le film par l'arrière du décor et en détournant Venise de son cliché de ville des amoureux. On est bien à Venise, mais dans ses coulisses, sur un quai sombre où sont entreposés les déchets rejetés par une haute société où les amants ne vivent pas que d'amour et d'eau fraîche. Il y a bien une gondole, mais c'est une gondole-benne qui au clair de lune ne transporte pas des couples enlacés, mais des ordures ménagères. Il y a bien un gondolier qui chante a capella une chanson d'amour, mais c'est un gondolier-éboueur un peu bedonnant dont la voix de ténor (celle d'Enrico Caruso) résonne un peu trop fort dans la nuit.

C'est sur le raccord-son de cette voix que se fait la transition avec la scène suivante (plans 4 à 8) qui loin de dissiper le trouble, le renforce. Car en passant de l'extérieur à l'intérieur, du quai jonché de déchets à un appartement luxueux d'un grand hôtel vénitien, on passe du clair de lune à l'obscurité et à une scène chaotique presque illisible. On distingue, plus qu'on ne voit, la silhouette d'un homme qui s'enfuit par un balcon, puis son ombre se projetant sur un mur. On devine dans l'obscurité les jambes d'un corps étendu au sol, puis on voit deux prostituées italiennes aux tenues et voix criardes qui sonnent en vain à la porte. On discerne un homme à terre qui tente de se relever puis s'écroule entraînant dans sa chute un seau à champagne...

Les accords d'*O sole mio* semblaient préfigurer une scène romantique. On a une scène de cambriolage, confuse, dont la victime se préparait à un rendez-vous certes galant..., mais avec deux cocottes qui certes parlent italien (premiers dialogues du film incompréhensibles pour un spectateur américain qui attend toujours que soit prononcée une parole intelligible pour lui)..., mais avec une forte pointe de vulgarité. Autant de dissonances laissent à penser que le paradis du romantisme doit connaître quelques troubles. Troubles que Lubitsch s'amuse à accentuer en prenant ouvertement dans sa mise en scène le parti pris de l'impur, de l'opacité et du désordre. Au régime d'illisibilité de l'image qui ne laisse percevoir que des contours incertains, des ombres mouvantes et des silhouettes entrant et sortant du champ s'ajoute une bande-son qui, à l'exception d'une musique extradiégétique ironiquement dramatique venant ponctuer la chute de l'homme assommé, ne laisse entendre que le timbre strident d'une sonnette et des paroles inintelligibles. À la logique du déchet qui domine la première scène avec l'éboueur succède une logique du reste, de l'après-coup, du retard de la monstration sur l'action. La caméra de Lubitsch, hésitante, ne sachant pas trop quoi cadrer, effectue des mouvements de recadrage à vide comme si elle cherchait au milieu du désordre et de l'obscurité sur quoi fixer son attention et celle du spectateur. Du cambriolage, elle ne montre que les restes (un corps allongé...), que les bribes d'une action qui vient de se terminer (une silhouette qui s'enfuit), que les reliquats d'une fête (une bouteille de champagne) qui a tourné court, d'un rendez-vous qui n'aura même pas été consommé.

Si l'enchaînement entre la scène de l'éboueur et celle du cambriolage s'effectue par un montage *cut* (plan 3/plan 4) et un raccord-son (la chanson *O sole mio* qu'on continue à entendre dans l'appartement cambriolé), la transition entre la scène du cambriolage et la dernière scène de la séquence d'ouverture est assurée par un long et étrange travelling aérien un peu chaotique le long de la façade de l'hôtel qui, au rythme léger d'une joyeuse barcarolle, semble inviter à prendre congé d'une scène trop trouble, trop sombre pour figurer dans une comédie de Lubitsch. En un mouvement enlevé qu'il a voulu faire apparaître comme continu au point de masquer les deux collures[4] qui soudent les trois plans qu'il a dû tourner pour réaliser

4. Le travelling se décompose en fait en trois tronçons (trois plans tournés). Mais Lubitsch a masqué les deux collures en opérant les changements de plan sur le

ce travelling acrobatique (plan 8, plan 8 *bis*, plan 8 *ter*), le cinéaste transporte ainsi le spectateur du balcon par où s'est enfui le cambrioleur..., jusqu'à un autre balcon à un étage supérieur, où un homme, qui se fait appeler Monsieur le Baron, s'apprête à recevoir une visite galante et donne à un maître d'hôtel, qui les note scrupuleusement, ces dernières consignes de mise en scène (plan 8 *ter* au plan 14).

D'un balcon à l'autre, de l'ombre fuyante à la présence assurée et élégante d'un baron, ce travelling trop voyant pour être honnête et cacher la main du metteur en scène, trop désinvolte pour ne pas être pris au sérieux, ne peut que semer le trouble dans l'esprit du spectateur. Celui-ci ne sait pas s'il assiste à la simple présentation hiérarchisée et ironique d'un décor (des coulisses à la façade, du bas vers le haut, de l'obscurité à la clarté) et de ses personnages (de l'éboueur au baron en passant par le cambrioleur et sa victime) ou s'il doit questionner le lien narratif et symbolique qui unit ces trois scènes s'enchaînant sans aucune ellipse temporelle.

Commençant à la fin et dans la continuité du long travelling, la scène entre le baron et le maître d'hôtel (plans 8 *ter* à 14) semble ménager enfin un retour à l'ordre après le trouble du commencement. Retour au cliché attendu de la Venise romantique d'abord : un balcon au clair de lune, un luxueux dîner qui se prépare, un baron raffiné et à l'air rêveur qui donne à un maître d'hôtel des ordres à la mesure hyperbolique de son impatience amoureuse ; une gondole qui n'est plus une gondole-benne, mais une gondole-écrin qui conduit à son rendez-vous amoureux une jeune femme lascivement allongée sur des coussins... Retour surtout à la transparence de la représentation qui privilégie la lisibilité : avec les premiers mots en anglais du film, le dialogue devient enfin non seulement intelligible, mais intelligent, pétillant et drôle... comme dans un film de Lubitsch ; l'image structurée et hiérarchisée dans la profondeur, à travers notamment le jeu de l'éclairage, le redoublement et la stabilité du cadre, devient enfin pleinement visible et lisible ; le découpage, articulé autour du

mur gris uniforme de la façade et en les raccordant sur le mouvement continu de la caméra.

principe de l'alternance et du raccord-regard est enfin subordonné à la clarté de l'exposition de la situation; les personnages eux-mêmes sortent de l'obscurité et sont enfin identifiables : le spectateur reconnaît les deux acteurs principaux du film Herbert Marshall qui lui est présenté comme un baron et Myriam Hopkins qu'il aperçoit dans une gondole... Mais cette transparence, à peine installée, est aussitôt mise en doute. D'abord par les propos du baron qui, dans les consignes qu'il adresse au maître d'hôtel pour la préparation du dîner, s'amuse à jeter le trouble sur sa propre identité et celle de son invitée en demandant : « Si Casanova se découvrait l'âme d'un Roméo et qu'il dînait avec Juliette qui s'avérait être Cléopâtre, que conseilleriez-vous ? » Enfin et surtout par un gros plan (le seul de toute la séquence d'ouverture), trop gros pour être anodin, qui montre une feuille, restée accrochée à la veste du baron, que s'empresse de retirer le maître d'hôtel.

Plan de détail, plan-tache, plan-indice, ce gros plan de la feuille, filmé de l'intérieur de l'appartement du baron pour renforcer le côté déplacé de sa présence, déclenche une relecture de l'ensemble de la séquence d'ouverture. Il révèle d'une part au spectateur, qui n'aurait pas été alerté par la continuité du long travelling le long de la façade, que le cambrioleur s'enfuyant par le balcon et le baron attendant à son balcon la visite d'une belle inconnue, sont une seule et même personne : révélation préparée visuellement par la présence de l'ombre du feuillage associée à l'ombre du cambrioleur et suggérée formellement par le choix du plan-travelling qui, tout en figurant symboliquement le trajet du cambrioleur, authentifie et garantit (le montage est ici interdit !) la continuité spatio-temporelle entre les deux scènes. Il relance d'autre part la logique du déchet, du reste, du résiduel, mise en œuvre tout au long de cette séquence par Lubitsch. Des ordures ramassées par le gondolier éboueur à la feuille retirée de la veste du baron-cambrioleur par le maître d'hôtel, sans oublier le corps resté au sol après le cambriolage, tout se passe comme si Lubitsch voulait montrer qu'au paradis de l'amour, il n'y a pas que des sentiments purs qui circulent, que les échanges dans l'économie du désir sont aussi matériels, que la passion non seulement génère de l'impureté, mais que cette impureté peut être la source même du plaisir. N'est-ce d'ailleurs pas un cocktail, une boisson mélangée, que propose le maître d'hôtel au baron-gentleman pour commencer son dîner intime alors que celui-ci réclame avant tout la transparence.

Cette transparence qui a tant fait défaut durant les premiers plans du film, semble être l'enjeu de tous les vœux exprimés par le faux baron quand il passe au maître d'hôtel la commande du menu pour son dîner amoureux. Rien ne doit venir troubler la pureté du moment qu'il s'apprête à partager. « Vous voyez cette lune, je veux voir la lune dans mon champagne », dit-il dans un élan lyrique où il cherche à mettre des mots sur ses désirs les plus inexprimables. Désirs ineffables que le maître d'hôtel se réapproprie en les répétant et les inscrivant consciencieusement sur son carnet, allant même jusqu'à les noter avant que son client n'ait pu les formuler. Comme si dans ce paradis troublé, même les désirs les plus immatériels étaient voués à être recyclés en objets de consommation et à finir dans les poubelles parmi les détritus que le gondolier de la première scène déversait dans sa gondole-benne pour les amener à la décharge.

La demande de transparence manifestée par le faux baron tout au long de son dialogue avec le maître d'hôtel résonne comme une déclaration d'intention ironique que Lubitsch adresse à ses spectateurs pour les rassurer et les prévenir que la suite de son film ne ressemblera en rien au début pour le moins troublé qu'il leur a ménagé. « Les commencements sont toujours difficiles » fait-il dire, avec beaucoup d'humour à son personnage, dès sa première réplique. Si ce dernier évoque les préliminaires du rendez-vous amoureux dont il est en train de régler l'ordonnancement, le cinéaste, lui, fait allusion, comme pour s'excuser, aux huit premiers plans de son film. Mais pour le gentleman cambrioleur comme pour le cinéaste, la transparence n'est qu'un leurre pour masquer la fragilité et l'incertitude des apparences, qu'un effet de mise en scène dont le cinéaste, à travers les propos de son faux baron cambrioleur, met en abyme l'artificialité. À l'instar de celui du cambrioleur et du séducteur, l'art de Lubitsch est un art de l'ellipse, du décalage, de l'escamotage qui repose sur un jeu subtil d'illusions et de dissimilations. Si la transparence est le principe qui garantit l'efficacité de ce jeu, c'est parce qu'elle opère comme un masque qui substitue au trouble des apparences le trompe-l'œil de leur limpidité. Une limpidité qui sert moins à rendre les êtres et les choses visibles qu'à les dissimuler derrière la brillance de leur surface, qu'à gommer la pliure entre le dedans et le dehors.

Du trouble à la transparence, de l'opacité qui dissout la représentation à la limpidité qui la fige comme pure apparence, c'est toujours vers l'invisibilité que tend le cinéma de Lubitsch. Car il s'agit avant tout de rendre le spectateur complice non pas de ce qu'il voit, mais de ce qu'il ne voit pas, de ce que la mise en scène s'ingénie à lui cacher pour mieux le surprendre et le séduire. C'est cette complicité que le cinéaste parvient à nouer dans cette ouverture en faisant entrer son spectateur par la porte de service de son film et en le prévenant que tout clair de lune, même à Venise, a sa face cachée.

LA MARSEILLAISE DE JEAN RENOIR : « NON SIRE, C'EST UNE RÉVOLUTION... »

Ce sont d'autres troubles, ceux révolutionnaires de l'histoire de France que met en scène Jean Renoir dans l'ouverture de son film *La Marseillaise* qu'il tourne en 1937, pendant le Front populaire[5]. À l'origine le cinéaste souhaitait, comme le rappelle René Prédal, « commencer son récit lorsque la Marseillaise pénètre Marseille amenée de Strasbourg par les colporteurs juifs. Mais il a finalement tenu à ajouter le prologue – avec le mot de La Rochefoucauld – pour mettre comme en prégénérique les événements de 1789 (dont on n'a que des échos) »[6]. Ces événements, et tout particulièrement la prise de la Bastille, sont au cœur de l'ouverture imaginée par Jean Renoir. Mais, plutôt que de proposer une reconstitution spectaculaire de ce

5. *La Marseillaise* est le second film de Jean Renoir dédié au Front populaire, après *La vie est à nous* (1936). Il devait être financé grâce à une souscription publique lancée par la revue *Ciné Liberté*, auprès des adhérents du Parti communiste et de divers syndicats, notamment la CGT. Mais les fonds recueillis se révélèrent insuffisants et la production fut reprise par une société de production de type classique.
6. René Prédal, *Cinéma sous influence : le cinéma à l'épreuve de l'histoire, de la littérature et des genres*, Paris, L'Harmattan, 2007, p. 23.

moment d'histoire, il a préféré raconter une scène « plus privée » et filmer ce que nous pourrions appeler une révolution en chambre.

L'intertitre qui précède le premier plan du film indique que nous sommes à Versailles, le 14 juillet 1789. Le duc de La Rochefoucauld-Liancourt vient annoncer au roi que les Parisiens ont pris la Bastille dans la journée. « C'est donc une révolte ! » s'exclame Louis XVI à cette annonce. « Non, sire, une révolution ! » lui répond le duc. Autour de cet épisode historique (l'annonce au roi de la prise de la Bastille) et de cette phrase passée à la postérité, Jean Renoir compose une séquence d'ouverture magistrale qui décrit le parcours du duc de La Rochefoucauld à travers une vaste galerie de Versailles (plan 1), dans l'antichambre (plan 2) et jusque dans la chambre du roi (plans 2 à 6), puis esquisse le portrait d'un monarque sympathique, mais conscient de son impuissance. En six plans seulement (deux plans-séquences puis deux champs-contrechamps) et avec une caméra d'abord mobile puis fixe dont le cadre se resserre au fur et à mesure qu'elle s'approche de l'intimité du souverain (Louis XVI apparaissant à la fin du deuxième plan), Renoir instaure une tension subtile entre ordre et désordre, et suggère, par la seule grâce de sa mise en scène, l'idée même d'une révolution en marche.

Délimité par deux fondus au noir, le prologue de *La Marseillaise*, s'ouvre sur un plan-séquence somptueux qui littéralement met en scène et en espace l'apparat et le faste de la monarchie.

La première image qui est montrée, en lever de rideau, au spectateur est une image fixe, sans profondeur de champ, d'un jeune garde en uniforme clair, cadré au niveau des genoux, qui est posté devant une tapisserie figurant une scène d'inspiration mythologique. L'immobilité du corps et l'absence de profondeur de champ donnent l'impression que le soldat fait partie de la tapisserie et qu'il s'inscrit dans un ordre immuable et un temps qui n'est pas celui de l'Histoire. Presque immédiatement le capitaine de la garde entre dans le champ par la gauche et ordonne au garde de relever son arme et de rejoindre les rangs « L'arme au bras ! En avant ! Marche ! ». Celui-ci s'exécute et sort du champ en suivant son supérieur sans que la caméra n'esquisse le moindre mouvement pour l'accompagner. Le champ reste un instant vide, laissant découvrir la tapisserie où l'on devine, coupé par le bord haut du cadre, un corps nu, qui semble supplicié, attaché à un arbre. Bien que fixe, l'image de la tapisserie, par la violence de son sujet, le dynamisme de sa composition et les lignes courbes des corps, suggère une vitalité naturelle qui contraste avec la rigidité du jeune garde. Elle introduit dans le protocole réglé et rigide de la cour, un premier élément de vie et de désordre... tandis que, hors-champ, dans un espace qui reste à construire, résonnent les mêmes ordres et les bruits de pas rythmés de la relève de la garde. C'est seulement lorsqu'un deuxième garde presque identique au premier, mais en uniforme sombre vient occuper le cadre vide et se poster à la place du premier soldat, que la caméra, effectuant un panoramique droite-gauche combiné avec un léger travelling avant, commence à déplier le décor dans sa profondeur et révéler le ballet de la relève de la garde.

Le deuxième cadre issu de ce premier mouvement de caméra montre une formation de gardes, en rang, qui se déplacent vers la profondeur du champ tels des soldats de plomb. Tout en déployant l'espace, le panoramique a intégré dans le champ deux autres gardes, postés à droite du cadre devant une porte, qui rejoignent le rang au pas, sous les ordres du capitaine, tandis que deux autres gardes s'extraient des rangs pour les remplacer. Tout cela en une chorégraphie parfaitement ordonnée et synchronisée de gestes raides et de corps droits, dont les mouvements et déplacements géométriques soulignés par les mouvements de la caméra ne semblent répondre à aucune autre nécessité que protocolaire et suggèrent l'idée d'une mécanique qui tourne à vide, d'où l'humain semble singulièrement absent. L'ordre immuable de ce rituel où se met en scène le pouvoir monarchique est cependant immédiatement « désolennisé », pour ne pas dire ridiculisé, par l'irruption d'une nuée désordonnée de lingères qui, d'un pas pressé et léger, traversent joyeusement le champ en diagonale, de gauche à droite, comme des figurantes qui se seraient trompées de scène. À travers ces lingères, dont l'apparition gracieuse contraste avec la rigidité militaire de la garde et de ses déplacements au pas et en angle droit, c'est le peuple qui fait son entrée pour la première fois dans le film...

Alors que les gardes s'éloignent au pas dans la profondeur du champ, un second panoramique droite-gauche combiné avec un léger travelling avant introduit, dans le plan-séquence, un troisième cadre qui finit de déplier l'espace dans toute sa profondeur. Il révèle un long et large couloir à colonnades au fond duquel s'avance un gentilhomme : il marche d'un pas pressé à contre-sens de la direction de la garde qu'il salue en la croisant. Un furtif recadrage souligne l'apparition et l'importance de ce personnage qui sera porteur d'un message important et dont Renoir a choisi de filmer le cheminement le long du couloir dans sa continuité pour mieux matérialiser et symboliser l'éloignement du Roi, la distance physique qui le sépare de ses sujets et du monde qui l'entoure. Frontale, directe et rapide, l'avancée du duc de La Rochefoucauld contraste avec les déplacements géométriques et protocolaires de la garde. Elle fait entrer le hors-champ d'une révolution en marche dans l'espace théâtral et immuable de la monarchie dont Renoir s'est amusé à déployer le faste et l'apparat, nous faisant passer, dans un même mouvement de caméra, d'une image fixe et plate (le garde posté devant la tapisserie) à un plan de grand ensemble ouvrant sur la profondeur d'un couloir menant aux appartements royaux. Quand le duc s'arrête devant une porte à gauche du cadre où sont postés deux gardes, puis la franchit, intervient la première coupe du film qui met fin au plan-séquence et à ce mini-récit en trois temps de la relève de la garde et de l'arrivée de celui qui sera le messager de la Révolution.

La transition entre le premier et le deuxième plan de ce prologue est particulièrement brusque. Elle nous fait basculer de l'autre côté de la porte avec un franchissement net de l'axe des 180° : la caméra filmant en effet depuis le diamètre opposé à celui où elle était placée avant que le duc ne franchisse la porte. À cette saute d'axe s'ajoute le changement d'échelle de plan : le duc, qui était filmé au sein d'un plan de grand ensemble, est désormais cadré en plan rapproché taille. Cette rupture radicale entre les deux plans et les deux espaces, si elle recentre l'intérêt du spectateur sur le personnage du duc, souligne aussi le franchissement d'une première étape pour accéder à la chambre royale : le passage d'un espace officiel à des appartements privés ; elle traduit, au même titre que la longueur du couloir qu'a dû parcourir La Rochefoucauld, la difficulté à arriver jusqu'au roi.

Si dans le premier plan, Renoir filmait le déploiement de l'espace et le cheminement du duc, dans ce deuxième plan, encore plus long que le précédent, il filme le temps, l'attente et l'impatience du messager dans une antichambre dont nous découvrirons qu'elle est l'antichambre du roi. Comme pour le premier plan, le cinéaste choisit un mode de filmage en continuité et en mouvement; mais la caméra, confinée dans un espace plus étroit, ne cesse de se heurter aux portes et à un hors-champ qui lui semble interdit. Le duc (interprété par William Aguet) s'annonce à un chambellan : « Je désire parler à Sa Majesté. Quel est le gentilhomme de service? [...] Annoncez le duc de La Rochefoucauld-Liancourt. » Alors que le chambellan se dirige vers une porte et pénètre dans une pièce, la caméra l'accompagne en un travelling panoramique droite-gauche, mais s'arrête devant une première porte close qu'elle n'est pas autorisée à franchir. Après un court instant, apparaît par cette même porte le gentilhomme de service (Monsieur de Guéméné) qui rejoint le duc, toujours suivi par la caméra. Un premier dialogue s'instaure entre les deux gentilshommes de même rang, réunis dans le même cadre et mus par le même respect du protocole et des règles de préséance et de bienséance. Le duc : « Bonsoir Guéméné. Veuillez m'annoncer à Sa Majesté »; Monsieur de Guéméné : « Je tiens à prévenir Monsieur le Duc qu'il y a eu aujourd'hui une furieuse partie de chasse et que Sa Majesté dort comme Hercule après ses travaux »; le duc : « Je vous en prie, mon cher Guéméné, faites vite »; Monsieur de Guéméné : « Est-ce donc grave? »; le duc : « Je crois, oui. » Tandis que le gentilhomme de service s'exécute et entre dans une pièce derrière lui, la caméra reste de nouveau face à une porte close. Au ballet de la relève de la garde a succédé le ballet tout aussi protocolaire et réglé des portes qui s'ouvrent et se referment devant la caméra.

Quand la dernière porte s'ouvre enfin et que le gentilhomme de service invite le duc à entrer dans la chambre du roi (« Sa Majesté ne dort pas. Veuillez entrer. »), un nouvel espace se déploie dans l'encadrement de la porte avec une grande profondeur de champ. La caméra, après être restée un instant immobile sur le seuil, se décide à pénétrer dans cet espace en un majestueux travelling-avant qui emboîte le pas du duc de La Rochefoucauld. Dans son avancée, elle révèle la chambre royale et son décor surchargé, et laisse deviner, sous la forme d'une tache lumineuse blanche au fond et au centre du champ, la présence de Louis XVI dans un lit à baldaquin. Cette entrée se fait sans aucun changement de plan comme si Renoir avait souhaité filmer l'attente, le franchissement du seuil de la chambre et l'apparition du souverain dans la continuité d'un même plan et conférer à cet instant tant attendu une solennité toute royale.

C'est sur le travelling avant de la caméra s'avançant dans la chambre du roi qu'intervient la deuxième coupe de ce prologue. Elle prend la forme d'un raccord dans l'axe qui, en rapprochant le spectateur du lit du roi, ouvre le troisième et dernier temps de la séquence et marque l'aboutissement du parcours du duc de La Rochefoucauld à qui il ne reste plus qu'à délivrer son message. Alors qu'il lui a fallu deux longs plans pour parvenir jusqu'au souverain, il lui faudra quatre plans de plus en plus courts et de plus en plus serrés, montés en champ-contrechamp pour prononcer sa phrase historique.

Raccordé dans l'axe avec le travelling avant qui a introduit le spectateur dans la chambre du roi, le troisième plan du prologue ménage un effet de surprise. Il révèle enfin la figure de Louis XVI (interprété par Pierre Renoir), filmé en plan de demi-ensemble dans un cadre désordonné qu'aucune ligne droite ne vient structurer, assis sur son lit, en chemise de nuit blanche, un fichu sur la tête, en train de manger avec ses doigts dans une assiette que lui tend son valet de chambre, Picard... Les premières paroles du souverain, qu'il prononce la bouche pleine, confirment la première impression donnée par cette apparition, il faut l'avouer bien peu royale et peu protocolaire, en complet décalage non seulement avec l'idée que nous pouvons nous faire d'un monarque, de son pouvoir et de sa majesté, mais aussi avec le monde ordonné et hiérarchisé que les deux premiers plans de la séquence avaient mis en scène : « Ah, mon cher La Rochefoucauld *(plan 2)*. Vous tombez bien, s'exclame le roi *(plan 3)*. J'ai été brusquement réveillé par une légère fringale. C'est cette chasse. Nous avons poursuivi un dix cors et ils se font rares. » Tandis que le souverain, cloué dans son lit et incapable de se déplacer pour aller grignoter le plat qu'on lui a déposé sur la table, ne cesse, tout à sa faim, de solliciter de l'aide hors-champ : « Picard, prends la petite table et pose là sur le lit. Mon bon Guéméné, versez-moi donc un verre de vin. Mon cher duc, passez-moi donc le poulet que le brave Picard a mis hier hors de ma portée. Picard croit, parce que je suis le roi, que je dois avoir le bras long. Mais quelle erreur, Picard, quelle erreur ! », la caméra effectue un mouvement de recadrage qui, en un travelling avant combiné à un panoramique gauche-droite, vient cadrer le roi de trois-quarts, en plan rapproché taille. Ce dernier mouvement d'appareil du prologue, qui fait écho à ceux qui ont scandé les deux premiers plans de la séquence, semble vouloir isoler le souverain et le rétablir dans sa dignité royale. Mais ce recadrage est aussitôt contredit et annulé par les incessantes entrées et sorties de champ de Picard, Guéméné et La Rochefoucauld qui, s'empressant de servir le roi et passant devant la caméra au mépris de toute bienséance cinématographique, viennent envahir l'avant-plan et obstruer le cadre au point d'escamoter le corps du monarque qui, dans son impuissance, voit son espace réduit et occupé. Quand Louis XVI, s'escrimant à couper son poulet, se décide enfin à demander à La Rochefoucauld : « Qu'est-ce qu'il y a ? », il ne reste plus au duc qu'à délivrer l'information qu'il était venu apporter et à Jean Renoir qu'à donner le coup de grâce et renverser « cinématographiquement » le souverain par un enchaînement rapide de trois plans montés en champ-contrechamp qui tombent comme des couperets et rompent avec le parti pris de mise en scène tout en continuité et en mouvements de caméra que cinéaste avait adopté jusque-là.

La réponse à la question du roi appelle le quatrième plan du prologue : un premier contrechamp très court sur La Rochefoucauld, filmé en un plan rapproché taille de la même valeur que celui sur Louis XVI (fin du plan 3), mais en légère contre-plongée : « Sire, les Parisiens ont pris la Bastille. »

Quand la caméra revient sur le roi (cinquième plan), celui-ci est désormais cadré plus serré, en plan rapproché poitrine et en très légère plongée. Démuni, dans une position d'infériorité vis-à-vis de son interlocuteur, il accuse le coup avec un léger contretemps, comme s'il lui fallait un moment pour comprendre l'information : « Oh…, c'est donc une révolte ! ».

« Non Sire, c'est une Révolution » corrige le duc de La Rochefoucauld dans un contrechamp cinglant, sixième et dernier plan du prologue, parfaitement symétrique au champ précédent, où le duc, cadré, comme le roi (plan 5), en plan rapproché poitrine, et toujours en contre-plongée, non seulement porte le mot « Révolution » jusqu'aux oreilles de Louis XVI, mais surtout fait entrer l'idée de Révolution dans le film... qui peut désormais commencer.

C'est sur ce mot de « Révolution » que se termine le prologue. La figure royale est éclipsée, destituée par l'enchaînement de trois plans qui l'ont placée dans une position d'infériorité par rapport au duc et au message qu'il portait. Les longs plans en mouvement qui ont déployé jusqu'à l'absurde le faste et le cérémonial révolus d'une monarchie coupée de son peuple ont laissé la place à la figure du champ-contrechamp. Une figure, certes fort peu renoirienne, mais ô combien démocratique, qui, en mettant le roi sur un pied d'égalité avec ses sujets, en opérant un renversement à 180° et en brisant la continuité du pouvoir monarchique, a donné une forme cinématographique à une idée déjà en marche et à laquelle il ne manque plus qu'un chant : *La Marseillaise*.

III
FATALITÉ DES COMMENCEMENTS

FURY DE FRITZ LANG : LA FORCE DU DESTIN

> On a l'air de débuter par le commencement [...] Et en réalité c'est par la fin qu'on a commencé. Elle est là, invisible et présente, c'est elle qui donne à ces quelques mots la pompe et la valeur d'un commencement.[1]

Il est des débuts de film où, à peine introduite, l'histoire semble déjà courir inexorablement vers son dénouement, où, avant même d'avoir existé dans la fiction, les personnages paraissent déjà enchaînés à une force qui les dépasse. Comme si tout était joué d'avance et que la fin était déjà dans le commencement. Cette impression de fatalité qui naît tout autant des partis pris de mise en scène que de la nature des événements racontés ou de la forme que prend le récit, le spectateur la ressent avec une intensité particulière dans l'*incipit* de nombreux films de Fritz Lang et notamment dans la séquence d'ouverture de *Fury* (1936), premier des vingt-deux films (plus de la moitié de sa filmographie !) que le cinéaste allemand tournera en Amérique[2].

Tout au long de cette séquence d'ouverture qui dure six minutes et comprend trente-deux plans, Fritz Lang non seulement distille

1. Jean-Paul Sartre, *La Nausée*, dans *Œuvres romanesques*, Paris, Gallimard, « Bibliothèque de La Pléiade », 1981, p. 49.
2. Le 1er juin 1934, à Londres, David O. Selznick engage Fritz Lang pour un contrat d'un film avec la MGM. Celui-ci part vivre en Californie. Mais c'est plus d'un an après son arrivée aux États-Unis qu'on lui propose un synopsis de quatre pages et un scénariste : Bartlett Cormack. Lang doit s'adapter à de nouvelles conditions de travail : le statut de réalisateur n'est pas le même qu'en Allemagne où il avait tous les pouvoirs ; le rôle des syndicats est très contraignant. Malgré tout, il trouve de meilleures conditions techniques, et arrive à contrôler en partie l'élaboration des scénarios en tant que « *script doctor* ».

les informations nécessaires à la compréhension de l'histoire qu'il s'apprête à raconter[3] et oriente la disposition d'attente du spectateur, mais surtout parvient à inscrire les dialogues, les gestes et les événements qu'il filme dans le mouvement tragique d'un destin en marche.

L'ouverture, qui fonctionne comme une séquence d'exposition, met en scène la séparation d'un jeune couple d'amoureux qui doit se quitter provisoirement : la jeune femme, Katherine (interprétée par Sylvia Sydney) a trouvé un emploi dans une autre ville, où son fiancé, Joe (interprété par Spencer Tracy), après avoir fait quelques économies, doit venir la rejoindre et l'épouser. La séquence s'ouvre sur un plan du couple de dos qui, enlacé, admire une vitrine où est exposée une chambre de mariés ; elle se termine sur un plan de l'homme de dos, sur le quai d'une gare, disant au revoir à sa fiancée qui le regarde derrière la vitre d'un compartiment, tandis que le train démarre... Entre ces deux plans : celui d'un bonheur sans cesse repoussé dont le couple rêve devant une vitrine et celui de la douleur d'un départ qui sépare provisoirement les deux amoureux, Fritz Lang construit une séquence d'une très forte cohérence interne où il met en place les éléments de fond de son récit et les indices porteurs de sa

3. *Fury* raconte l'histoire de Joe Wilson (Spencer Tracy) qui part retrouver sa fiancée Katherine (Sylvia Sydney), afin de se marier. Sur la route, il est arrêté par la police d'une petite ville et soupçonné à tort d'avoir participé au kidnapping d'une petite fille. Il est emprisonné en attendant d'être interrogé. Mais dans la petite ville, les esprits s'échauffent, et bientôt une foule vient se masser devant la prison pour le lyncher. Des affrontements se produisent entre le shérif et la foule qui finit par mettre le feu à la prison. Alors qu'on le croit mort, Joe rentre chez lui et projette, avec l'aide de ses deux frères, de se venger de ses assassins en continuant à se faire passer pour mort. Vingt-deux personnes sont jugées et trois éléments sont déterminants : le témoignage de Katherine qui croit toujours qu'il est mort, un film d'actualités qui montre les principaux responsables, une lettre anonyme qui prouve que Joe Wilson était dans la prison au moment de l'incendie. Mais Katherine découvre que Joe est vivant. Devant la menace de devoir toujours vivre caché et de ne plus pouvoir se marier, mais aussi poussé par la mauvaise conscience, Joe se présente au tribunal le jour du jugement pour empêcher la condamnation des vingt-deux personnes. Il fait un discours au cours duquel il explique les raisons de son geste et fait état de sa perte de confiance envers le peuple. *Happy end* (avec baiser des deux amants, non voulu par Lang, mais imposé par la production).

progression dramatique et met en scène la fatalité d'une séparation dont les deux fiancés sont autant les victimes que les acteurs.

L'impression de totale fermeture qui se dégage de cette séquence d'ouverture tient en grande partie à la rigueur presque mécanique avec laquelle le cinéaste a construit le mini-récit de cette séparation. Celui-ci s'organise en une structure ternaire très équilibrée :
– trois scènes séparées par un plan d'insert de locomotive : une locomotive lancée à vive allure (plan 8), qui entre en gare (plan 16) et qui quitte la gare (plan 32) ;
– trois scènes qui se structurent en : une exposition (plans 1 à 7) présentant les deux amoureux et annonçant le départ nécessaire de la jeune femme ; un nœud (plans 9 à 15) expliquant les raisons financières de ce départ ; et un dénouement (plans 17 à 32) marqué par les adieux et le départ lui-même ;
– trois scènes qui se déroulent dans trois lieux : dans la rue, dans le hall de la gare, sur le quai de la gare.

Une même structure ternaire régit l'évolution interne de chacune de ces trois scènes qui peuvent se décomposer ainsi :
– la scène d'exposition, dans la rue : les deux amoureux devant la vitrine (plans 1 à 4) ; marchant en direction de la gare parmi la foule (plan 5) ; s'embrassant dans l'ombre (plans 6 à 7) ;
– le nœud, dans le hall de gare : le retrait de la valise de la consigne (plan 9) ; l'imperméable de Joe se déchire en s'accrochant à une balustrade (plans 10 à 11) ; Katherine recoud l'imperméable (plan 12 à 15) ;
– le dénouement, sur le quai de la gare : Joe, seul, achète du parfum et des cacahuètes (plan 17) ; il offre le parfum à Katherine qui lui donne une bague (plans 18 à 28) ; le baiser d'adieu et le départ (plans 29 à 32).

Cette parfaite structuration de la séquence reflète l'implacable logique de répétition et de progression qui préside à l'enchaînement des faits mis en scène par Lang. Avec la précision d'un horloger, le cinéaste s'attache à remonter l'horloge du destin et à tendre le fil du récit jusqu'à doter les gestes les plus naturels et les paroles les plus anodines de répercussions que le spectateur ne peut encore soupçonner. C'est ainsi qu'il sème et met en circulation tout au long de cette séquence d'exposition une chaîne d'indices, de signaux, de balises qui détermineront le cours futur des événements et serviront de moteurs à l'action à venir.

Le premier indice est un détail alimentaire : les cacahuètes que Joe mange devant la vitrine et dont il achète un paquet dans la gare. C'est parce qu'il mange des cacahuètes et que la lettre de rançon envoyée par le ravisseur contient des miettes de cacahuètes, que Joe sera accusé de kidnapping et emprisonné. Le syllogisme des cacahuètes énoncé par Katherine dans la première scène pour déclarer son amour à son fiancé : « Tu aimes les cacahuètes, je t'aime, donc j'aime les cacahuètes », sera repris par le shérif pour accuser et condamner Joe : « vous mangez des cacahuètes, la lettre de rançon contient des cacahuètes, donc vous êtes le kidnappeur. »

Le deuxième indice est un détail vestimentaire : le fil bleu. En passant la balustrade de la consigne pour rejoindre sa fiancée, Joe déchire son imperméable ; Katherine le recoud avec du fil bleu. Lang insiste sur ce détail par un gros plan (le premier du film) et en faisant répéter plusieurs fois le mot « bleu » par ses personnages (le film est en noir et blanc !). Par la suite, c'est grâce à ce fil bleu que Katherine reconnaîtra l'imperméable de Joe porté par un de ses deux frères et qu'elle commencera à douter de la mort de son fiancé.

Le troisième indice est un détail verbal : le mot « *mementum* ». Joe se trompe et dit « *mementum* » au lieu de « *memento* » quand il offre à Katherine le flacon de parfum qu'il a acheté sur le quai de la gare. Celle-ci le reprend. On retrouvera le même lapsus dans la lettre anonyme envoyée par Joe au tribunal pour prouver qu'il est mort.

Le quatrième et dernier indice est un détail ornemental : la bague. Sur le quai de la gare Katherine donne à son fiancé la bague de sa mère qu'elle a fait graver à leurs deux noms (deuxième gros plan du film). C'est cette même bague que Joe enverra au tribunal, avec la lettre anonyme, pour prouver sa mort.

Ce faisceau d'indices disséminés par Lang dès cette séquence d'ouverture inscrit le cours des événements dans une chaîne de causalité qui contribuera à faire avancer le récit et déterminera le destin des personnages : d'abord en entraînant la culpabilité de Joe (les cacahuètes), puis en prouvant sa mort (la bague), enfin en trahissant Joe et révélant à Katherine qu'il est encore en vie (le fil bleu, le mot « *mementum* »).

Outre ces indices, cette séquence d'exposition délivre un certain nombre d'informations qui permettront non seulement de comprendre le comportement futur des personnages, mais surtout d'éclairer ce comportement à la lumière de déterminismes psychologiques et sociaux. Ces informations ne relèvent pas d'un savoir partagé entre le spectateur et les personnages. Elles sont réservées au spectateur et destinées à susciter en lui le sentiment tragique de la fatalité. Quant aux personnages, comme souvent chez Lang, ils n'ont aucune conscience de leurs actes et des forces qui les déterminent. Ils sont d'abord les victimes d'un destin qui n'est jamais fait que de leur propre faiblesse, comme s'ils ne pouvaient relâcher leur volonté sans risquer de voir autour d'eux se rompre l'équilibre qui précipitera leur chute. En ce sens, le personnage de Joe est une figure éminemment langienne.

Joe Wilson est un John Doe, un américain moyen auquel tout spectateur peut s'identifier. Dès le premier plan, la caméra, dans un style documentaire donnant l'impression que l'histoire qu'elle s'apprête à raconter est une histoire de tous les jours, sans drame et qui peut arriver à n'importe qui, hésite et semble chercher au hasard, dans la rue, sur qui fixer son attention, avant de s'arrêter sur les premiers venus : un couple devant la vitrine, de dos, noyé dans la masse. Derrière sa robustesse apparente, Joe est présenté tout au long de la séquence comme un personnage immature : il mange des cacahuètes de manière compulsive ; il fait une plaisanterie douteuse sur le tapis de la chambre que le couple regarde dans la vitrine ; il tire les sous-vêtements féminins de la valise de Katherine quand celle-ci, à la consigne, cherche du fil pour recoudre son imperméable déchiré ; et, sur le quai de la gare, sa fiancée lui dit explicitement : « tu es un gosse » (plan 21). Cette immaturité, sur laquelle insiste Fritz Lang, servira à expliquer la réaction violente de Joe après l'incendie de la prison et à mettre en valeur le changement radical du personnage : après l'erreur judiciaire et la tentative de lynchage dont il sera victime, le gosse du début du film se transformera en un homme assoiffé de vengeance qui déclarera dans son discours final avoir perdu toutes ses illusions sur le peuple et la démocratie.

Mais autant que le profil psychologique de Joe, c'est la situation sociale des deux amoureux, et notamment le manque d'argent, qui déterminera le destin du couple. L'argent est en effet la cause du départ de Katherine qui a trouvé un emploi meilleur loin de Chicago. Tout au long de cette séquence d'ouverture, il est omniprésent non seulement dans les discussions du couple, mais aussi dans les rapports que Joe entretient avec les autres et le monde qui l'entoure. Chacune des trois scènes de la séquence commence par une relation d'argent : devant la vitrine, le couple rêve d'une chambre et d'une vie qu'ils ne peuvent pas se payer ; à la consigne, Joe donne une pièce à l'employé pour récupérer la valise de Katherine ; sur le quai, il achète à un vendeur ambulant un paquet de cacahuètes et le parfum qu'il offrira à sa fiancée.

S'il est menacé par l'immaturité de Joe, l'amour entre les deux fiancés est donc surtout menacé par le manque d'argent qui est l'obstacle principal à leur mariage et à l'assouvissement de leur désir. Fritz Lang insiste sur la relation entre le manque d'argent et la frustration sexuelle. Cette relation est suggérée dès le plan d'ouverture, par le premier mouvement de la caméra : celle-ci commence par effectuer une plongée sur « La Mariée de l'Automne » comme au début d'un conte de fée ; mais au lieu de s'attarder sur le côté sentimental et la robe de mariée, elle se détourne par un travelling sur la gauche pour aller cadrer la vitrine d'à-côté et une chambre à coucher qu'un jeune couple rêve d'occuper sans pouvoir se l'offrir.

Ce rêve d'union à deux dans l'intimité d'une chambre, Fritz Lang va tout au long de la séquence s'attacher à en filmer et anticiper l'impossibilité, articulant ses partis pris de mise en scène autour de deux idées force : la présence menaçante de la foule et le processus de séparation progressive du couple.

Dès le début du film (plan 1), la caméra saisit les deux personnages parmi la foule anonyme des passants. À partir de ce moment inaugural, jamais le couple ne parviendra à trouver un moment d'intimité et à s'isoler d'un monde environnant dont la présence semble de plus en plus insistante dans le champ, à l'arrière-plan ou hors-champ.

Dans la scène de la rue, quand Katherine et Joe marchent sur le trottoir, Fritz Lang choisit de les faire suivre par une armée d'hommes et de femmes vêtus de sombre qui, telle une ombre menaçante, emboîte le pas des deux amoureux. Ceux-ci doivent se retirer dans l'obscurité, entre deux piliers, à l'abri des regards de la foule, pour pouvoir s'embrasser (plan 7).

Dans le hall de gare, quand Joe déchire son imperméable, le couple est observé par l'employé de la consigne et par un client à l'arrière-plan. Cette présence des regards extérieurs explique la gêne de Joe au moment où Katherine lui recoud son imperméable : « On n'est pas seuls ici » dit-il à sa fiancée.

Sur le quai de la gare, c'est le vendeur ambulant auquel Joe achète le parfum qui, par sa plaisanterie, s'immisce dans l'intimité du couple. Et quand avant le départ du train, Joe et Katherine s'embrassent, Fritz Lang ne manque pas de faire circuler derrière eux des passagers et des employés, comme pour annoncer la menace que constituera, pour le couple et en particulier pour Joe, la foule anonyme.

Si le premier plan du film montre un couple uni devant une vitrine et devant le rêve d'une vie à deux, tout le reste de la séquence consiste à suggérer que cette union rêvée s'éloigne et sera rendue impossible par le destin. Cette fatalité de la séparation informe les choix de mise en scène adoptés par Lang comme s'il avait voulu filmer l'idée de la séparation et son caractère inéluctable avant même que celle-ci ne se produise.

Dans la scène de la rue, lors des sept premiers plans, Katherine et Joe sont réunis dans le même plan ; ils sont filmés côte à côte, en plan américain, bras dessus, bras dessous ; ils regardent dans la même direction ou se regardent. Plusieurs éléments cependant annoncent leur séparation. Afin de montrer à Joe la chambre dans la vitrine, Katherine lâche le bras de son fiancé qui en profite, premier signe de faiblesse, pour manger des cacahuètes. Par ailleurs, si les deux fiancés partagent le même cadre, ils sont souvent séparés par un élément du décor à l'arrière plan ou par un éclairage différent : Katherine est dans la lumière sur un fond plus clair, alors que Joe est du côté de l'ombre, le visage obscurci par son chapeau. Enfin au moment où ils s'embrassent, l'insert d'un train lancé à vive allure, symbole du destin en marche, vient interrompre le baiser.

L'effet séparateur de cet insert ne se fait pas attendre, puisque dans le plan suivant, au début de la scène de la consigne, Joe et Katherine sont encore certes présents dans le même cadre (plan 9), mais physiquement séparés par une balustrade (elle à l'avant-plan et lui à l'arrière-plan) et par le montant vertical du guichet de la consigne (elle à gauche du cadre, lui à droite). Et quand Joe vient rejoindre Katherine, la poche de son imperméable s'accroche à la balustrade et se déchire en gros plan, comme si déjà le destin faisait obstacle à leur réunion. Lorsqu'on les retrouve assis sur le banc où Katherine recoud l'imperméable, les deux amoureux, filmés en plan taille, n'osent plus se regarder et le montant de la fenêtre derrière eux semble déjà les inscrire dans un cadre différent. Séparation que viendra une nouvelle fois une fois confirmer un insert du train entrant en gare.

Quand s'ouvre la troisième scène, sur le quai, le couple, pour la première fois du film (si l'on excepte les inserts du train et le gros plan sur la poche qui se déchire), n'est plus réuni dans le même plan : on retrouve Joe, seul, devant un étal de marchand ambulant. Lorsque dans le plan suivant, il rejoint sa fiancée, un voyageur s'approchant du contrôleur pour tendre son billet, semble s'interposer entre lui et elle et vient de nouveau troubler leurs retrouvailles. Au moment des adieux, c'est la figure du champ-contrechamp qui régit le rapport entre les deux personnages et anticipe sur leur séparation. Ils se regardent dans les yeux et sont désormais filmés en plan rapproché poitrine, alors qu'ils étaient cadrés en plan américain dans la scène de la rue et en plan taille dans la scène de la consigne. Mais ce rapprochement dans l'échelle des plans, qui participe d'une logique de dramatisation, est trompeur, car il marque la proximité de l'éloignement. Si Katherine et Joe sont encore présents dans le même cadre, ils n'apparaissent plus qu'en amorce dans le plan consacré à l'autre, pris dans l'enchaînement de plus en plus rapide d'un découpage qui substitue au régime de la présence commune dans le champ une logique de la confrontation et de la transaction symbolique (la bague). À l'heure du départ, quand la jeune femme est montée dans le train, si les deux amoureux cohabitent encore dans le même plan et continuent à se regarder, ils ne partagent déjà plus le même espace :

lui est sur le quai, tandis qu'elle est dans le wagon, derrière une vitre, enfermée dans le cadre à l'intérieur du cadre que constitue la fenêtre du compartiment. Il ne reste plus dès lors au train qu'à partir pour sceller une séparation désormais effective et peut-être définitive. Car l'homme que retrouvera Katherine à la fin du film sera bien différent du jeune homme immature qu'elle a laissé sur le quai.

Peu d'incertitudes, peu de place laissée au hasard dans cette séquence d'ouverture de *Fury*. Chacun des trente-deux plans enferme un peu plus les personnages dans un destin non seulement déjà écrit, mais gravé dans le marbre d'une mise en scène qui, en ayant toujours un temps d'avance sur le récit, élève la narration à la puissance de l'accompli. Car au-delà de la présentation d'un couple que les circonstances de la vie amènent à se séparer provisoirement, c'est bien l'accomplissement de ce qui n'a pas encore eu lieu mais ne peut qu'avoir lieu que Fritz Lang laisse affleurer dans cette ouverture implacable qu'il filme comme d'autres auraient filmé une fin.

APOCALYPSE NOW DE FRANCIS FORD COPPOLA : « *THAT IS THE END* »

Comme l'attestent le titre, *The End*, et les paroles de la chanson des Doors[4] qui l'accompagne, c'est encore l'idée de la fin qui hante la première séquence d'*Apocalypse Now*, film sur la guerre du Vietnam, librement adapté du récit de Joseph Conrad, *Au cœur des ténèbres*, que Francis Ford Coppola termine, après un tournage tumultueux, en 1979. Ce fragment de plus de sept minutes et quinze secondes, encadré par une ouverture et une fermeture au noir, et scandé par la chanson des Doors, affiche, par rapport au reste de l'œuvre, une unité et une autonomie formelle très fortes qui lui confèrent plus le statut de prologue ou d'ouverture, dans le sens où ce terme est utilisé pour l'opéra, que de simple séquence d'exposition.

4. Cette chanson, écrite par Jim Morrison qui meurt en 1971, fait partie du premier album des Doors sorti en 1967, en pleine guerre du Vietnam…

Dans une chambre d'un hôtel de Saigon, le capitaine Willard[5] (interprété par Martin Sheen) attend que lui soit assignée une mission spéciale. Volontairement isolé, assailli par des visions et des souvenirs de la guerre, il vit cette attente comme un moment de dépression psychique et de dégradation physique. D'une très grande intensité, ces minutes initiales non seulement présentent un personnage en crise, pris dans un double conflit externe (la guerre) et interne (l'horreur face à la guerre) et menacé par la folie et l'autodestruction, mais surtout elles mettent en scène cette crise et ce que perçoit, ressent et pense le personnage à travers une composition « musicale » complexe qui mêle objectivité et subjectivité et fait se superposer et se succéder des images et des sons correspondant à des espaces-temps narratifs très différents.

Dans son déroulement, cette ouverture se déploie, comme les ouvertures d'opéra, en trois mouvements que Coppola a synchronisés et fait coïncider avec les extraits de la chanson de Jim Morrison, *The End*, qu'il a utilisés. Sur les onze minutes et trente secondes que dure la chanson, le cinéaste a prélevé deux fragments : l'un de 3'20" qui commence à la 23e seconde du film et l'autre de 1'30" qui commence à la minute 5'45" du film et se poursuit jusqu'au terme du prologue. Les ruptures marquées par le début ou la fin de chacun de ces deux fragments musicaux délimitent les trois mouvements qui composent cette ouverture où Francis Ford Coppola, avec une partition d'une rare densité visuelle et sonore, filme l'horreur de la guerre telle qu'elle pénètre l'esprit (premier mouvement), la vie (deuxième mouvement) et le corps d'un homme (troisième mouvement).

En l'absence de logo et de générique d'ouverture, les vingt-trois premières secondes du film correspondent à un sas de transition, voire de décompression, qui permet au spectateur d'entrer en douceur dans le monde de la fiction. Il y a d'abord onze secondes d'écran noir avec pour seul accompagnement sonore quelques bruits très lointains

5. Le spectateur n'apprendra son nom et son grade qu'au cours de la deuxième séquence du film. Tout au long de ce prologue, le personnage reste anonyme.

d'hélicoptères (plan 1). Puis apparaît, en fondu, un plan d'abord fixe (plan 2) : pendant douze secondes, la caméra cadre une jungle avec ses hauts palmiers et la fumée qui s'élève du sol ; en bruit de fond, on entend le son ralenti d'un hélicoptère qui bientôt traverse le champ de gauche à droite et déclenche le début de la musique.

PREMIER MOUVEMENT

C'est avec ce premier passage d'hélicoptère et les premières notes de la musique des Doors que s'ouvre le premier mouvement du prologue (0'23"-3'43")... Le cadre reste fixe un long moment (47 secondes) jusqu'à ce qu'un deuxième hélicoptère traverse le champ, toujours de gauche à droite, et que la jungle s'embrase sous les explosions des bombes au Napalm. Commence alors à résonner la voix de Jim Morrison : « *This is the end...* »[6] qui lance le premier mouvement de caméra du film : un lent travelling gauche-droite (suite du plan 2) qui balaie au ralenti la jungle, la fumée et la poussière jaune soulevée par les pales des hélicoptères...

Sur le plan de la jungle embrasée, apparaît en surimpression, sur la moitié gauche de l'écran, le visage, en gros plan et à l'envers, d'un homme (plan 3) qui regarde le plafond. Ce que confirme le

6. *This is the end*
Beautiful friend
This is the end
My only Friend, the end

Of our elaborate plans, the end
Of everything that stands, the end
No safety or surprise, the end
I'll never look into your eyes again

Can you picture what will be
So limitless and free
Desperatly in need of some stranger's hand
In a desperate land

Lost in a Roman wildernesss of pain
And all the children are insane
All the children are insane
Waiting for the summer rain, yeah.

surgissement, en une nouvelle surimpression, sur la moitié gauche de l'écran, d'un plan de pales de ventilateur (plan 4) dont le mouvement et le bruit se confondent avec les pales des hélicoptères.

Alors que dans le fond de l'image, le travelling gauche-droite sur la jungle incendiée par les hélicoptères a laissé la place à un plan nocturne, plus resserré de la jungle en flammes (plan 5) filmée cette fois en travelling droite-gauche, apparaît en surimpression, sur le bord droit du cadre, le plan d'une statue asiatique (plan 6) dont le visage, à l'endroit, est en parfaite symétrie avec celui, à l'envers et en gros plan, de l'homme qui fume (plan 3).

Toujours en surimpression d'une nouvelle vue de la jungle (plan 7) cadrée désormais en un long plan fixe, revient un plan, un peu plus large, du visage, à l'envers, de l'homme (plan 8) étendu sur un lit : il regarde vers le plafond, alors qu'à droite du cadre, ressurgit un court instant en fondu un plan du ventilateur (plan 9)...

Sur le plan de l'homme allongé toujours en surimpression avec la vue de la jungle survolée par les hélicoptères, la caméra commence alors à effectuer une lente rotation gauche-droite se raccordant, en fondu dans le mouvement, avec un plan en travelling latéral gauche-droite (plan 10) qui dévoile sur une table de chevet : une plaque militaire de l'armée américaine, des papiers d'identité, de l'argent, une photo de femme en noir et blanc, des lettres..., puis sur un lit : une main et enfin le visage, désormais, à l'endroit, de l'homme endormi... Tandis que le plan fixe de la jungle (plan 7) disparaît, un deuxième fondu dans la continuité du travelling latéral montre un téléphone, un briquet, un paquet de Winston rouge, un verre presque vide et une bouteille de Martella (plan 11)..., avant qu'un nouveau fondu, toujours dans la continuité du lent travelling, laisse apparaître une main qui tient une cigarette, puis un revolver posé sur le lit près de l'oreiller (plan 12).

Se superposant un instant, en un long fondu, à l'image du revolver, réapparaît le ventilateur (plan 13), puis le visage, à l'envers, de l'homme (plan 14) : ses yeux sont fermés et son œil gauche se fond avec le centre du ventilateur qui semble le regarder... L'homme ouvre les yeux, le ventilateur, en surimpression, disparaît. La chanson des Doors s'interrompt, marquant la fin du premier mouvement du prologue.

Contrairement à ce que pourrait laisser croire la sensation de richesse et de confusion sonores et visuelles qui se dégage des images, ce premier segment (si l'on excepte le long plan noir qui ouvre le film) ne compte, pour une durée de 3'20", que treize plans centrés sur un nombre d'« objets » relativement restreint : la jungle (plan 2, plan 5, plan 7), le visage de l'homme allongé (plan 3, plan 8, plan 14), un ventilateur (plan 4, plan 9, plan 13), quelques affaires personnelles (plan 10, plan 11, plan 12) et une statue asiatique (plan 6). C'est donc dans la manière dont Coppola a agencé ces treize plans et composé ce fragment qu'il faut chercher l'origine de la fascination et de l'impression de complexité que ressent le spectateur, mis en présence d'une situation, scénariquement, somme toute assez simple : un homme, un militaire américain, étendu sur un lit, entre somnolence et ivresse, regarde tourner au plafond les pales du ventilateur de sa chambre, et par association avec les pales des hélicoptères, se rappelle, imagine ou rêve les images d'une jungle asiatique bombardée au Napalm.

Filmé au ralenti et porté par la musique et les paroles de Jim Morrison qui fonctionnent comme un commentaire indirect d'un narrateur extérieur, ce segment propose un magma d'images très dense et toujours en fusion que Coppola élève à la température des conflits intérieurs de son personnage. Tous les plans sont montés en fondu et entrent dans un jeu plastique et musical de surimpressions partielles ou complètes avec deux ou trois autres plans pour former des plans composés[7] qui enchaînent, superposent et font se correspondre simultanément à l'écran, des images se rapportant à des niveaux de réalités différents : des images « objectives » du visage de l'homme et des objets personnels proches de lui, sur les tables de chevet ou sur le lit, filmées en plan serré ; des images « mentales » de la jungle,

7. On peut dénombrer dans ce segment six plans composés : plan composé 1 (plan 2 + plan 3 + plan 4), plan composé 2 (plan 5 + plan 3 + plan 6), plan composé 3 (plan 7 + plan 8 + plan 9), plan composé 4 (plan 7 + plan 10), plan composé 5 (plan 7 + plan 11), plan composé 6 (plan 13 + plan 14). Seul le plan 12 (de la main avec une cigarette, puis du revolver) est un plan simple qui n'entre pas en composition avec d'autres plans, mais il s'ouvre et se clôt sur un long fondu...

filmées en plan d'ensemble ou de demi-ensemble, qui surgissent dans son esprit comme des souvenirs ou des visions ; des images « subjectives » du ventilateur, filmées en plan rapproché, que l'homme regarde tourner au-dessus de lui et qui semble en retour observer et survoler le personnage allongé sur son lit.

Lancés par les premières paroles de la chanson des Doors et par les premières explosions de bombes au Napalm, les mouvements de la caméra rythment presque tout le segment. Ils sont d'abord réservés aux images mentales de la jungle en feu, conscientes ou inconscientes, qui défilent devant la conscience de l'homme. La direction de ces mouvements semble déterminée par la nature des visions et correspondre à une double opposition jour/nuit et passé/futur. Le mouvement de la caméra est en effet orienté vers la droite quand les plans de la jungle se déroulent le jour et renvoient à des images-souvenirs d'un passé vécu lors du premier séjour du personnage au Vietnam (plan 2). Il est en revanche orienté vers la gauche quand la jungle en flammes est filmée la nuit et que le plan correspond à des images-prémonitions du paradis de Kurtz qui reviendront beaucoup plus tard dans le film comme c'est le cas pour le plan 5 de la jungle embrasée la nuit, mais aussi pour le plan 6 de la statue asiatique[8] entrant progressivement dans le champ par la gauche. À partir du plan 10 et de la rotation de la caméra autour du visage du personnage qui semble reproduire la rotation du ventilateur, les mouvements d'appareil ne sont plus rattachés à une instance intérieure (le défilement des images mentales de la jungle dans l'esprit du personnage), mais à un narrateur implicite, extérieur qui parcourt l'environnement immédiat de l'homme endormi et donne les premières informations objectives sur son identité, sa situation et son état. Cette évolution qui fait remonter le mouvement, et avec lui l'horreur de la guerre, de la profondeur psychique des images mentales à la surface de la réalité physique est celle que dessine l'ensemble du prologue.

Le réveil du personnage (plan 14) qui coïncide avec la disparition presque définitive des surimpressions et des images mentales

8. Cette statue réapparaîtra dans le film, de nouveau en surimpression et comme image mentale associée au mal, à l'inconnu : d'abord avant que le bateau de Willard arrive au paradis de Kurtz et ensuite dans la séquence finale.

et avec l'interruption de la chanson des Doors, marque le terme du premier mouvement de ce prologue qui désormais va se centrer sur l'espace de la chambre et sur les perceptions et pensées conscientes du personnage.

DEUXIÈME MOUVEMENT

Le deuxième mouvement du prologue (3'43"-5'42") inaugure un nouveau régime d'images caractérisé par la fin du ralenti, par l'apparition des plans simples et par l'arrivée du montage *cut* discontinu.

Raccordé en *cut* sur le regard de l'homme, apparaît un plan subjectif en contre-plongée, qui montre le plafond de la chambre avec le ventilateur (plan 15) tournant désormais à vitesse normale. La caméra panote vers le bas et révèle pour la première fois en plan de demi-ensemble la chambre telle que la voit le personnage de son lit. Alors que la subjectivité des images était manifestée lors du premier segment par la surimpression sur l'écran de celui qui regarde (gros plan du visage) et de ce qu'il était censé regarder (le ventilateur), elle est désormais prise en charge par le montage (raccord-regard) et par des mouvements de caméra explicitement rapportés au déplacement du regard ou du corps du personnage.

Après un retour *cut* sur le visage à l'envers de l'homme allongé (plan 16), un nouveau plan subjectif, un travelling avant en caméra subjective, filme le mouvement du personnage qui s'approche de la fenêtre de la chambre, écarte les lamelles des persiennes et observe la rue animée d'une ville (plan 17) : « Saigon. » Avec ce mot commence le monologue[9] de l'homme en voix off simultanée, qui se poursuivra jusqu'à la fin de ce deuxième segment, mixé avec le

9. « *Saigon* (plan 17)/ *Shit. I'm still only in Saigon. Everytime I think I'm gonna wake up back in the jungle* (plan 18)/. *When I was home after my first tour, it was worse* (plan 19)/ *I'd wake up and there'd be nothing. I hardly said a word to my wife until I said "yes" to a divorce. When I was here, I wanted to be there. When I was there...* (plan 20)/ *all I could think of was getting back into the jungle. I'm here a week now, waiting for a mission..., getting softer* (plan 21)/ *Every minute I stay in this room, I get weaker. And every minute Charlie squats in the bush, he gets stronger. Each time I look around, the walls moved in a little tighter* (plan 22). »

son des hélicoptères, les bruits extérieurs de la ville puis le murmure lointain de la jungle.

Complétant les indices qu'avaient apportés, lors du premier mouvement, les plans détaillant les objets personnels de l'homme sur la table de chevet et sur le lit, le monologue intérieur nous apprend que nous sommes à Saigon, que l'homme est un soldat américain divorcé depuis sa dernière permission qui, après une première expérience de la guerre dans la jungle, est de retour au Vietnam, qu'il attend une mission et que cet état d'attente l'affaiblit chaque minute un peu plus physiquement et psychiquement. Ce monologue est scandé par une suite de plans simples (sans surimpression), fixes, non raccordés et sans continuité chronologique, qui, en une sorte de mini-syntagme en accolade, filment l'attente destructrice et montrent l'homme : de profil regardant par la fenêtre et fumant, en gros plan (plan 18) ; adossé à son lit, le visage presque entièrement dans l'ombre, les yeux fixés au plafond, en un bref plan serré (plan 19) ; couché, avec en amorce la table de chevet, attrapant un insecte et regardant la photo de la femme dont il a divorcé, en plan rapproché (plan 20) ; assis, en gros plan, les yeux dans le vide, et buvant (plan 21)...

C'est sur le mot « mission » (« à attendre une mission ») prononcé par la voix off dans le plan 21 que revient, pour la première fois au cours de ce deuxième segment, en surimpression sur la gauche du cadre, un plan du ventilateur (plan 22)... et que commence à se faire entendre très bas, mixé au bruit des pales (du ventilateur et/ou des hélicoptères) et aux murmures lointains de jungle, la reprise de la musique des Doors...

Un lent fondu, accompagné par la montée très lente du volume de la musique qui se confond encore avec un bruit de fond, fait apparaître le dernier plan de ce deuxième segment (plan 23) : un plan d'ensemble fixe, en plongée verticale, pris depuis le plafond, qui montre la chambre avec l'homme assis au milieu, recroquevillé, comme s'il était observé et survolé par le ventilateur avant l'explosion finale.

Composé de neuf plans seulement dont tous sont fixes (à l'exception des deux plans subjectifs 15 et 17) et tous montés *cut* (à l'exception de la transition en fondu entre les deux derniers plans du segment, les plans 22 et 23), ce deuxième mouvement marque dans le prologue un moment de pause et de retour à la réalité : réalité existentielle du personnage dont le monologue remplace la chanson des Doors et livre les informations nécessaires à la compréhension de sa situation et de son état physique et mental ; réalité spatiale de la chambre montrée pour la première fois en plan d'ensemble et réalité du monde extérieur (une rue de Saigon) qui apparaît à travers la fenêtre et qui continuera à se faire entendre hors-champ pendant près de vingt secondes à travers le son des voitures, de la musique et des sifflets ; réalité perceptive enfin puisque ce segment, en se concentrant sur le personnage, filmé uniquement en gros plan ou plan serré (à l'exception du dernier plan du segment où son corps, pour la première fois, est appréhendé à distance, inscrit dans un plan d'ensemble), semble amorcer une stabilisation dans les rapports que son corps entretient avec le monde environnant : en témoignent le raccord-regard ouvrant le segment et les deux plans en caméra subjective (plans 15 et 17) qui, se substituant aux images mentales et subjectives en surimpression du premier segment, rattachent l'appréhension de l'espace et des objets à l'activité perceptive consciente du personnage.

Mais ce moment de pause n'est que provisoire et cette apparente stabilisation dans les rapports à l'espace-temps, déjà remise en question par le montage *cut* et discontinu des plans (plans 18, 19, 20, 21), s'avérera n'être qu'un point de basculement vers un nouveau mode de dérèglement de la perception du personnage et de sa relation subjective à lui-même et au monde qui l'entoure.

Du plan subjectif en contre-plongée du ventilateur filmé du point de vue du personnage (plan 15) au plan en plongée de la chambre filmée depuis le ventilateur (plan 23), c'est en effet un renversement complet de point de vue qu'opère ce segment intermédiaire : un champ-contrechamp subjectif, séparé par sept plans, où le regardant devient le regardé, où l'on bascule d'une subjectivité interne à une subjectivité « externe », dissociée..., où, si l'on étend la logique du champ-contrechamp à une possible composition en miroir de l'ensemble de cette séquence d'ouverture, le troisième mouvement du prologue ne serait que le contrechamp du premier mouvement.

TROISIÈME MOUVEMENT

Annoncé par les fondus et par la dernière phrase du monologue intérieur, « Chaque fois que je regarde autour de moi, les murs ont l'air de se rapprocher », qui est mixée sur le début d'un fragment instrumental de *The End*, le troisième et dernier mouvement de l'ouverture d'*Apocalypse Now* met en scène une explosion de folie et de violence autodestructrice du personnage qui, dans sa chambre, la nuit[10], semble se battre contre lui-même et ses propres fantômes.

Comme le mouvement initial du prologue dont il constitue le pendant, ce segment compte quatorze plans scandés par la musique des Doors. Mais il ne dure qu'une minute et trente secondes et les plans s'enchaînent beaucoup plus vite, sur le rythme accéléré et répétitif, proche de la transe, de la partie rapide de la chanson dont les rares paroles qu'on arrive à distinguer, parmi les cris de Morisson, sont : « *come on... come on* » et « *kill, kill, kill, kill, kill* ». Ce troisième mouvement est marqué, comme le premier, par le retour des fondus et des surimpressions qui font réapparaître des images mentales de la jungle en flammes. Mais ces images sont désormais toutes nocturnes et, comme le confirme la direction du travelling droite-gauche, semblent arriver d'un futur encore inconnu, ce qui, à l'instar des plans 5 (la jungle en flamme) et 6 (la statue asiatique) du premier segment, leur confère le statut d'images-prémonitions ou d'images-prolepses. Une différence essentielle cependant distingue ce troisième mouvement du premier et en fait presque son contrechamp : la présence continue à l'écran de l'homme qui figure sur treize des quatorze plans, alors qu'il n'apparaissait que dans trois plans et seulement en gros plan lors du premier segment.

Cette présence physique se manifeste à travers trois séries de plans qui contribuent à faire du corps le support d'expression et d'extériorisation des conflits internes du personnage dans un processus inverse à la logique d'intériorisation qui domine le premier mouvement du prologue.

10. Tous les plans de ce segment sont des plans nocturnes.

La première série, deux plans enchaînés en fondu, montre l'homme en sous-vêtement : dans un plan de demi-ensemble de la chambre parfaitement équilibré dans sa composition, il effectue lentement des mouvements de tai-chi à côté de son lit (plan 24) ; puis en un gros plan, en une contre-plongée qui laisse apparaître derrière lui l'ombre du ventilateur, il regarde fixement la caméra (plan 25).

Ce regard-caméra, premier signe d'une dissociation de la personnalité du personnage, introduit la deuxième série de trois plans qui, avec la nouvelle irruption de l'espace narratif de la jungle, marque le retour du régime de la surimpression. Mais à la différence de ce qui se passe dans le premier segment, les images mentales qui naissent dans l'esprit du personnage le renvoient à sa propre image, à un autre lui-même remontant de la nuit embrasée du futur. Sur le gros plan de l'homme regardant la caméra vient se superposer, en une parfaite surimpression, son propre visage peint, les cheveux plaqués en arrière, qui s'avance menaçant, en gros plan, face à la caméra (plan 26). Cette image très brève semble être le contrechamp mental du plan précédent; elle correspond à la vision qu'aura Kurtz, à la fin du film, au moment de son sacrifice, quand il verra Willard s'approcher de lui pour le tuer. Le dédoublement est total : l'homme, confronté à l'image mentale d'un autre lui-même, adopte le point de vue de celui dont il deviendra le double, Kurtz. S'enchaînant en fondu sur le noir de l'écran, une deuxième image-prémonition[11] surgit. Elle révèle en très gros plan, le même visage peint, de profil, fixant la jungle en feu dont les flammes se reflètent jusque dans ses yeux (plan 27)... avant qu'un dernier lent travelling mental droite-gauche, en direction du futur, rappelant celui du plan 5, vienne faire défiler en surimpression sur le visage peint de l'homme, les images de la jungle incendiée (plan 28). Projeté mentalement dans l'horreur de la guerre, c'est le corps lui-même qui s'embrase et c'est cet embrasement que filme Coppola, comme le confirme le retour à l'espace « réel » de la chambre où l'homme, brûlé par ses visions après un

11. Cette image-prémonition ou image-prolepse correspond au moment où le bateau de Willard s'éloigne du paradis de Kurtz en le bombardant de bombes incendiaires.

long fondu sur la jungle en flammes, se prépare, face à la caméra, à engager un combat contre un autre lui-même (plan 29).

Une suite discontinue de huit plans très courts, montés *cut* et souvent même en *jump cut*, et portés par le rythme de plus en plus rapide de la musique et des cris de Jim Morrison, met en action cette confrontation finale où, entre ivresse et transe, le corps, au risque de la défiguration et du dédoublement, figure la folie de la guerre. Dans une chorégraphie chaotique, où chaque geste, chaque interruption de plan inflige au corps, et laisse monter et exploser à sa surface, la violence contenue jusque-là dans les images mentales, l'homme, face à lui-même, s'abandonne à une cérémonie guerrière d'autodestruction : il esquisse des mouvements d'arts martiaux (plan 29), s'avance en position de combat devant la caméra (plan 30), effectue un mouvement d'attaque et brise d'un coup de poing un miroir (plan 31), roule sur son lit et s'écroule à terre (plan 32), regarde, debout, sa main saigner et s'enduit le visage de son sang (plan 33), renverse de l'alcool sur son corps en buvant à la bouteille (plan 34), vacille en se tordant de douleur (plan 35), se retrouve exténué, au pied de son lit, complètement nu, hurlant sans qu'on entende son cri (plan 36)..., avant qu'un fondu sonore et au noir ne fasse le silence et le noir sur l'écran (plan 37) scellant la fin d'un prologue qui aura conduit le personnage au bout de sa nuit, au cœur de ses ténèbres.

Difficile d'imaginer l'idée même d'un commencement après une telle séquence. De la chanson des Doors qui reviendra dans l'épilogue aux images-prémonitions qui réapparaîtront quand l'aventure arrivera à son terme, jusqu'à la dégradation physique et psychique du personnage, tout, dans cette ouverture, appelle la fin ou plutôt l'idée de l'accomplissement anticipé d'une fin dont la suite du film ne sera que la mise en récit. Une mise en récit à laquelle cette séquence, dans son unité organique, ne semble en aucun cas participer. Car si elle donne l'impression au spectateur de fournir des informations importantes sur le héros du film, celles-ci ne feront en rien avancer la narration. Les éléments d'exposition que détaille le travelling latéral sur le lit ou que délivre la voix off n'auront aucune influence sur le cours des événements à venir. Plus encore, le personnage qui est présenté ici comme un être alcoolisé, affaibli physiquement et psychologiquement, et traumatisé par l'expérience de la guerre ne ressemblera en aucune façon à l'homme déterminé et maître de lui qui accomplira sa mission jusqu'au bout, sans plus jamais boire, ni évoquer sa vie aux États-Unis. Quant au lieu où se déroule l'action « réelle » de ce prologue, la chambre d'hôtel, elle ne réapparaîtra que très rapidement dans la séquence suivante lorsque deux militaires viendront chercher le capitaine Willard pour l'emmener auprès de ses supérieurs qui lui assigneront sa mission. C'est avec cette deuxième séquence, et l'entrée des deux militaires dans le monde clos du personnage que commence véritablement le récit, et avec lui l'arrivée des dialogues et le passage de la voix off simultanée à une voix off en narration ultérieure.

Si, avant cette entrée *in medias res* dans la fiction, Coppola a choisi de proposer, avec ce prologue, une ouverture *in mediam mentem*, c'est pour nous plonger dans l'univers mental du personnage qui deviendra l'acteur, le témoin et le narrateur de l'histoire qu'il s'apprête à nous raconter et pour nous confronter sans aucune médiation narrative à l'horreur de la guerre. Plus que de mettre en marche son récit, il s'agit pour lui de mettre en condition le spectateur, de le soumettre, comme le personnage, à un rite cathartique d'initiation, en le faisant passer par un sas de dépressurisation qui le force à larguer les amarres avec le réel et à s'immerger dans l'inconscient du film, dans un bain de sensations psychiques et physiques où, entre fascination et stupeur, il s'abandonne à la pure séduction des commencements. Une séduction, qui, comme l'écrit Andrea del Lungo, s'opère « lorsque le texte nous donne un sentiment de désarroi, de perte, de vertige, à travers la frustration de toutes nos attentes ; lorsqu'il nous dépossède de tous nos désirs, jusqu'à nous envoûter et nous contraindre à la recherche d'un sens caché, d'un sens qui se dérobe dans les abîmes de l'écriture ; lorsqu'il nous dépouille enfin de notre identité, tout en suscitant en nous, par des perceptions sensorielles, de nouveaux fantasmes »[12].

12. Andrea del Lungo, *L'Incipit romanesque*, Paris, Seuil, 2003, p. 137-138.

IV NAISSANCE INCERTAINE DE LA REPRÉSENTATION : *INDIA SONG*

Inséparable de l'œuvre littéraire de Marguerite Duras et formant avec *La Femme du Gange* (1974) et *Son nom de Venise dans Calcutta désert* (1976) un triptyque filmique dont il est la pièce centrale, *India Song* (1975) marque dans la filmographie de l'écrivain-cinéaste et sa lente évolution vers le vide de la représentation une étape décisive. « Ce film, rappelle Madeleine Borgamano, paraît achever un cycle de l'œuvre durassienne, en faisant disparaître le personnage qui en était le centre de polarisation. Anne-Marie Stretter, la fascinante, *le lieu même de l'écrit*, sa source profonde, est morte et enterrée : *India Song* est une célébration et une publication de cette mort, une cérémonie de funérailles, [...], *la liturgie pour la mort d'Anne-Marie.* »[1] À travers cette liturgie cinématographique organisée autour de la mort d'Anne-Marie Stretter, Marguerite Duras invite le spectateur à un rituel de mise à mort de la représentation. Celle-ci, comme frappée d'arrêt de mort, se fige, s'exténue et s'absente à elle-même, suspendue au vide qui s'insinue entre les voix et l'image, entre l'image et le miroir, et sous lequel elle sera ensevelie dans *Son nom de Venise dans Calcutta désert.*

Le long mouvement du prologue, correspondant à la première partie du film, met lentement en place les éléments de cette liturgie funèbre : présentation du décor dépeuplé où va s'irréaliser la représentation, présentation des quelques personnages presque immobiles qui vont participer à la reconstitution lacunaire du bal de l'ambassade, récits préalables des voix qui situent ces personnages

1. Madeleine Borgomano, *India Song*, Limonest, L'Interdisciplinaire, 1990, p. 78.

fantomatiques et pétrifiés dans une histoire fragmentée : celle de la mendiante, d'Anne-Marie Stretter et du Vice-Consul.

Cette hésitante mise en place est réglée tout au long des vingt-sept plans qui constituent le prologue, par le jeu duel de deux voix féminines invisibles (off) qui, d'abord inscrites dans un écart incessant à l'image, originellement narratives mais aussi écoutant, commentant, évoquant, identifiant, montrant, nommant, interpellent un univers référentiel invisible, absent, brouillent les repères du récit, exaspèrent et modulent le désir de la présence, appellent la reconstitution... jusqu'à venir frôler l'image et s'effacer derrière le jeu des miroirs, où, à peine installée, la représentation vacillera, se soustraira à la plénitude d'une figuration naissante et s'absentera à elle-même, irréalisée par le dispositif spéculaire.

De l'image vide (rétention de la figuration humaine) à la naissance d'une représentation aussitôt différée et redoublée, de la déliaison voix/image à leur rapprochement qui déclenchera la reconstitution ; du jeu duel et prédominant des voix sans corps qui installent le récit et la figuration au jeu dédoublant des miroirs qui met en doute l'effet de présence et détache l'image de l'espace scénique, ce prologue se présente comme le rituel de naissance d'une représentation mort-née dont nous allons tenter de suivre pas à pas la lente et fascinante cérémonie (à la fois de naissance et de mise à mort...).

L'OUVERTURE : LA PRÉDOMINANCE DU SON SUR L'IMAGE

– Plan 1 (5") : le film s'ouvre sur le noir de l'image et le silence de la bande-son ; en haut à gauche de l'écran, en petites lettres blanches sur fond noir, une phrase : « Stéphane Tchalgadjeff présente »

– Plan 2 (3'52") : très long plan d'ensemble (effet de plongée), fixe (il s'agit en fait, selon les indications du découpage[2], d'un montage de cinq plans, tournés le soir en une seule fois, sur le même

2. Marguerite Duras, « India Song (découpage) », dans *Marguerite Duras*, ouvrage collectif, Paris, Albatros, 1975, p. 21-22.

lieu à des intervalles d'un quart d'heure pour les quatre premiers et bien plus tard pour le cinquième) d'un paysage de couleur bleuâtre, estompé et plat, coupé aux deux tiers par une ligne horizontale : un tiers de terre bleu foncé, deux tiers de ciel bleu pâle et blanc; en amorce droite, une route partant en oblique vers le fond; dans le ciel, tout au long du plan, la boule jaune orangé du soleil disparaît progressivement sur place (sans qu'on ait l'impression qu'elle descende) et la lumière s'assombrit peu à peu. Accompagnant cet étrange coucher (ou noyade) de soleil sur un paysage indistinct, un générique très bref, en lettres blanches passe en surimpression. En même temps que le générique défile, une voix féminine (voix off), celle de la mendiante, rompt le silence : elle chante une mélopée en langue orientale, s'arrête, se met à rire avec des sonorités aiguës puis à parler en rythmes syncopés (un seul mot est perceptible, le nom d'une ville laotienne, Savannakhet). Dès la fin du générique, alors que le soleil continue à s'effacer lentement dans le ciel, deux autres voix féminines (voix off), lentes et douces, à peine distinguables – l'une plus grave (V1) et l'autre plus jeune, plus aiguë (V2) – prennent la parole, en alternance, ne prononçant que des mots isolés et détachés (V1 : « Une mendiante » – V2 : « Folle » – V1 : « C'est ça » – V2 : « Ah ! Oui je me souviens. Elle se tient au bord des fleuves. Elle vient de Birmanie [...]. » – V1 : « Oui... Dix-sept ans. Elle est enceinte, elle a dix-sept ans. Elle est chassée par sa mère. Elle part... Elle demande une indication pour se perdre... Personne ne sait. ») : elles racontent l'histoire (premier élément narratif du film) de la mendiante (jusqu'à la fin du plan, par intermittence, accompagnant en sourdine les deux voix féminines ou se glissant dans les silences, la voix de la mendiante se fait entendre et les deux voix féminines la désignent comme si elles la reconnaissaient). Le soleil est aux trois quarts effacé; après un intervalle occupé par les phrases-mélopées, parfois criées de la mendiante, les deux voix féminines reprennent leur dialogue hésitant, introduisant une autre histoire, un autre personnage, désigné seulement comme « la Blanche », par opposition à la mendiante, devenue « l'autre » (V1 : « À Calcutta, elles étaient ensemble. » – V2 : « La Blanche et l'autre ? » – V1 : « Oui. C'était pendant les mêmes années... »). Aux voix succède, sur une image assombrie où le soleil a complètement disparu, un air de *blues* joué au piano, « India Song » qui se prolongera sans interruption jusqu'au début du plan 7.

Ce long plan fixe qui ouvre *India Song*, loin de mettre en place l'univers diégétique du film, ne fait qu'instaurer des incertitudes : incertitude quant au lieu tout d'abord puisque l'image montre un paysage insituable qui ne correspond ni à la voix exotique de la mendiante, ni au titre même du film faisant référence à l'Inde ; incertitude quant au temps ensuite puisque, si on entend la voix de la mendiante et si les voix féminines la désignent comme si elles la reconnaissaient, la quatrième réplique : « Ah je m'en souviens » jette un doute sur la présence actuelle de la mendiante et semble détacher la diégèse de tout présent ; incertitude enfin quant aux voix off, sans corps, qui règlent, à partir d'un lieu insituable (le non lieu d'origine de la narration), l'entrée dans l'histoire et l'ouverture narrative du film (qui parle ?). Cette perte de repère est renforcée par la prédominance, affirmée d'emblée, du son sur l'image. Non seulement les deux voix féminines off prennent en charge la narration en récitant leur indécise histoire, mais la richesse et la diversité de l'univers sonore s'accompagnent d'une résorption progressive des composantes visuelles du plan et notamment de la couleur.

Cette richesse de la matérialité de la bande-son qui semble exténuer l'image, contribue elle aussi à faire vaciller les repères, à confronter le spectateur-auditeur à l'opacité de la trame sonore qui se tisse tout au long du plan : à travers le dédoublement de l'origine de la narration en deux voix féminines à peine distinguables et à travers surtout la voix exotique de la mendiante, son chant étranger, son rire, ses paroles inintelligibles.

LE DÉSIR D'ANCRAGE DES VOIX QUI APPELLENT L'IMAGE...

– Plan 3 (tandis que l'air d'« India Song » continue au piano, le plan change brutalement) (56") : plan (rapproché, fixe, intérieur nuit) d'une lampe à abat-jour rose, allumée, posée sur un piano noir, à peine distinct ; appuyée contre la lampe, une photographie encadrée de jeune fille en veste noire et pantalon ; à droite sur le clavier fermé, une partition avec un titre. Apparaît (réfléchi dans un miroir?), entrant du fond gauche, un serviteur en costume hindou blanc; il dépose un bouquet de fleurs blanches à droite de la photo, allume une bougie et de l'encens, repart vers le fond sombre où il s'agenouille et allume une autre bougie, puis sort à gauche.

C'est sur le silence des voix, qui avaient été remplacées dès la fin du plan précédent par l'air d'« India Song » joué au piano, que surgit la première présence humaine visible du film, une figuration minimale : un serviteur hindou (et non la femme blanche attendue, évoquée par les voix), anonyme, accomplissant avec une lenteur cérémoniale les gestes d'un officiant (prête du culte d'une morte), prépare le rituel de la représentation, représentation funéraire qui semble s'organiser autour de la mort de la jeune femme représentée sur la photo (la Blanche ou l'autre?). Pendant tout le plan, les voix se sont tues, et dans l'obscurité de l'image, seule la silhouette blanche du serviteur hindou vient ouvrir le film à une représentation humaine encore indécise et indéterminée que le plan suivant, avec notamment le retour des deux voix féminines, s'empressera d'abolir (et ce jusqu'au plan 9 qui verra enfin l'apparition des protagonistes). Tout se passe comme si l'énonciation verbale prise en charge par les deux voix féminines off ne pouvait encore se déployer que sur le vide de l'image (sans support diégétique)... au prix de la rétention prolongée de la figuration humaine.

– Plan 4 (montage *cut*, la musique est seule à établir une continuité entre les deux plans) (59". Gros plan. Intérieur) : la caméra devenue mobile se promène en un panoramique droite-gauche très lent, sur les paillettes d'une étoffe noire; remonte l'étoffe noire parsemée de paillettes bleutées, blanches et dorées; repart à droite, atteint le bas d'une robe rouge, des bijoux dorés, une chevelure rousse posée sur le fond noir; remonte le long de la robe rouge dressée dans l'étoffe noire et ceinturée d'une chaîne brillante blanche; repart vers la gauche et redescend sur le bas de la robe rouge et les bijoux dorés. La reprise des voix (qui jusque-là n'avaient parlé que de deux femmes) se fait dès le début du plan, sur un « *il* » (V1 : « Il l'avait suivie aux Indes ») qui ne sera nommé qu'un peu plus tard (V1 : « Michaël Richardson... »); au rythme du mouvement de la caméra qui parcourt des parures féminines (bande-image), écho décalé et détourné de la poursuite de l'homme (bande-son), les deux voix féminines racontent une histoire elliptique, indécise et insituable (celle de la Blanche de Calcutta ?) : elles évoquent la nuit d'un bal (V2 : « La nuit du bal ? »), désignent des personnages (Michaël Richardson, Lola Valérie Stein), un lieu (S. Tahla), parlent d'un mariage..., pour enfin, au cœur de la reconstitution lacunaire (reconstitution verbale) de ce bal, faire émerger une figure féminine, « *elle* » : – V1 : « Elle était arrivée tard à ce bal... au milieu de la nuit... habillée de noir... » (la Blanche... « habillée de noir » ?).

– Plan 5 (montage *cut*, toujours l'air d'« India Song » au piano) (10". Gros plan, face, fixe. Intérieur) : tandis que la voix 1 commente : « Que d'amour ce bal, que de désir », retour sur la photo de la jeune fille en noir et sur les fleurs à gauche (mais leur position est inversée) ; à droite, trois coupes à demi-pleines posées sur le piano près d'une petite lampe ; la fumée de l'encens monte.

– Plan 6 (montage *cut*, toujours l'air d'« India Song » au piano) (15". Plan rapproché, trois quarts droite, fixe. Intérieur nuit) : un lustre de cristal à pendentifs, éclairé, se reflète dans un miroir posé derrière lui sur une cheminée qu'on devine en arrière-plan ; devant le miroir, une petite horloge rectangulaire avec fleurs rouges de chaque côté ; sur le mur du fond gauche, deux petits tableaux superposés ; en amorce gauche, une balustrade d'escalier. Sur un ton angoissé, les deux voix égrènent des paroles détachées (désignant l'Inde) comme si soudain elles se mettaient à voir et non plus à entendre (plan 2), comme si elles appelaient l'image et cherchaient à s'ancrer en elle, dans un référent visuel (V2 : « Cette lumière ? » – V1 : « La mousson. » – V2 : « Cette poussière ? » – V1 : « Calcutta central »).

– Plan 7 (montage *cut*, l'air s'arrête sur un arpège égrené) (17". Gros plan, face, fixe. Intérieur nuit) : retour sur l'horloge au centre ; derrière elle le miroir (reflétant en oblique un autre miroir) ; de chaque côté les fleurs rouges mais dans une position inversée par rapport au plan précédent ; en haut le lustre dont les reflets se démultiplient dans les miroirs. Les deux voix, toujours, poursuivent leur travail de désignation, d'impossible actualisation (V2 : « Il y a comme une odeur de fleur. » – V1 : « La lèpre ») ; mais après un court silence, elles ne peuvent qu'avouer leur propre défaillance, leur impossibilité à se situer : – V2 : « Où est-on ? », aveu angoissé de désorientation qui coïncide avec la démultiplication à l'image des reflets dans les miroirs et déclenche un changement brutal dans l'image (changement de plan : passage de l'intérieur à l'extérieur, de la nuit au jour).

– Plan 8 (montage *cut*) (1'29". Plan rapproché. Extérieur jour) : sur fond de ciel bleu, en contre-plongée, fragment de façade d'un palais (fenêtre de style classique, balcon de fer forgé) que la caméra balaie lentement sur tout le plan : elle atteint d'abord, en descendant, un échafaudage sous la fenêtre ; puis, par un panoramique gauche-droite, parcourt successivement des murs décrépits, des portes rondes grillagées et des fenêtres aux volets fermés et vitres cassées, qui bouchent tout le champ (feuilles vertes au sol, devant) ; traverse ensuite, en remontant, les colonnes roses d'un portique surmonté d'une loggia, remonte davantage vers les fenêtres du premier étage et débouche sur l'autre côté du palais symétrique du fragment initial, se détachant sur fond de ciel bleu ; continue enfin de gauche à droite jusqu'à une forêt vert foncé, cadrée en contre-plongée sur le ciel très bleu, et s'arrête. Les voix accompagnent, sans musique, le trajet extérieur et nocturne de la caméra d'une extrémité à l'autre de la façade : – V1 : « L'Ambassade de France aux Indes. » – V2 : « Cette rumeur ? » – V1 : « Le Gange... » *(silence)*. « Après sa mort il est parti des Indes ? » – V2 : « Oui... » – V1 : « Sa tombe est au cimetière anglais ? » – V2 : « Oui... » *(silence)*. – V1 : « Morte là-bas, aux îles... Trouvée morte, une nuit... » *(silence)*. – V2 : « Une Lancia noire file sur la route de Chandernagore... C'est là, une première fois qu'elle... » *(un temps)*. – V1 : « Oui... » *(silence ; la caméra s'arrête)*.

Si ce plan 8 marque du point de vue de l'image une rupture par rapport au plan 7 (intérieur/extérieur ; lumière du lustre/obscurité du jour ; luxe de l'intérieur du palais/délabrement de la façade), il esquisse d'une part un premier point de rencontre fragile entre la bande-son et la bande-image (tandis que les voix parlent de la mort de la femme et du cimetière anglais où elle est enterrée, la caméra se promène le long d'une façade sombre et ruinée), et il fixe d'autre part le terme mortel de l'histoire et donc la ligne d'horizon de la narration : la mort du personnage d'Anne-Marie Stretter qui n'a pas encore été nommée. Alors que jusqu'à présent, malgré des effets d'écho lointains, la relation entre l'image et les voix obéissait au régime de la déliaison, on assiste ici à un premier rapprochement ou plutôt frôlement.

NAISSANCE DE LA FIGURATION ET DE LA REPRÉSENTATION : LE FRÔLEMENT VOIX/IMAGES

– Plan 9 (montage *cut* entre les plans 8 et 9 : passage extérieur/intérieur ; mais continuité établie par le silence et le trajet de caméra inverse d'un plan à l'autre) (3'2". Plan moyen. Intérieur jour) : en panoramique demi-circulaire droite-gauche, la caméra parcourt un salon : elle part d'un angle avec canapé rouge et fauteuils, lampe de porcelaine blanche et bleue, portrait de femme Second Empire, encens et une porte-fenêtre à moitié ouverte, vive lumière (au début le silence règne puis on entend des cris d'oiseaux rauques assez lointains, répétés) ; poursuivant très lentement son mouvement panoramique, la caméra cadre une seconde porte-fenêtre (V1 : « De quoi avez-vous peur ? ») ; elle arrive à la lampe chinoise bleue avec abat-jour rose, posée sur le piano à côté de la photographie de la jeune fille (V2 : « Anne-Marie Stretter », puis c'est un long silence) ; elle balaie le piano placé devant une porte-fenêtre ouverte (parc vert sombre au fond), cadre une partition vue de dos, atteint un recoin sombre (V2 : « Le soir, ils dansaient ? » – V1 : « Ils dansent » ; l'air « India Song » reprend au piano et se prolongera jusqu'au début du plan 11) ; elle continue son mouvement jusqu'à laisser apparaître dans le champ, sur la reprise de l'air, un jeune homme en costume blanc (le Jeune Attaché), mains dans les poches, adossé à une glace où il se reflète (dans la glace se reflètent également les deux portes-fenêtres et le piano ainsi que les objets qui y sont posés) ; elle interrompt son panoramique sur la glace : le jeune homme en costume blanc, au premier plan à la droite du cadre, regarde hors-champ vers la droite et, en reflet au fond de la glace, sur la gauche du cadre, un couple enlacé, danse presque sur place : jeune homme en costume grège (Michaël Richardson), jeune femme (Anne-Marie Stretter) à chevelure rousse et robe beige, la tête posée sur l'épaule de son cavalier (V1 : « Sur quoi pleurez-vous ? » ; piano seul un temps) ; le couple s'est arrêté de danser et reste enlacé (V1 : « Je vous aime jusqu'à ne plus voir, ne plus entendre, mourir... » ; piano seul un temps) ; les trois personnages sont toujours immobiles ; sur fond continu du piano, on entend la voix lointaine de la mendiante (une phrase criée) ; comme s'ils avaient entendu cette voix, le jeune homme en blanc (toujours adossé à la glace) tourne la tête vers la droite et la jeune femme, s'écartant un peu de son cavalier, se retourne en direction du parc. Changement de plan...

Au cours de ce plan-charnière du prologue faisant écho (notamment par sa durée et par le retour de la voix de la mendiante) au plan d'ouverture (plan 2), se produisent plusieurs « événements » sonores et visuels, essentiels, inextricablement liés les uns aux autres, qui ouvrent la possibilité d'un récit et amorcent (pour aussitôt la mettre en doute) l'avènement d'une représentation.

Dans l'ordre de leur manifestation au fil de ce long plan (d'abord panoramique puis fixe), ces événements s'enchaînent ainsi :

– l'irruption sonore de l'extérieur (chants d'oiseaux, cris rauques d'un corbeau) ;

– l'amarrage des voix (off, libres : non liées à l'univers diégétique) non seulement sur le hors-champ sonore (off mais lié à l'univers diégétique) à travers le sentiment de peur énoncé par les voix (V1 : « De quoi avez-vous peur ? ») juste après les cris rauques et répétés des oiseaux, mais aussi sur la fiction puisque cette peur semble être suscitée par le nom que va prononcer, après un long silence, la voix 2, « Anne-Marie Stretter » : peur du nom, mais peut-être surtout peur de la rencontre du nom et de son image, peur pour les voix d'être happées par la fiction qu'elles énoncent, d'être étouffées sous la représentation qui commence à prendre ;

– la nomination d'« Anne-Marie Stretter », – personnage déjà évoqué par les voix : « la Blanche » (plan 2) ; « Elle... habillée en noir » (plan 4) ; « Morte là-bas... Trouvée morte, une nuit... », « C'est là une première fois qu'elle... » (plan 8) – et simultanément la conjonction du nom et de son image photographique : sur une photographie déjà vue dans deux plans précédents (plans 3 et 5 où il n'est pas fait allusion au personnage) résonne pour la première fois le nom d'Anne-Marie Stretter ;

– le frôlement ou rapprochement des voix et des images qui règle la première apparition des « protagonistes » du film qui, sur un ralenti des voix, entrecoupées et espacées par des silences, « remplissent » d'une présence incertaine car redoublée ou reflétée, le champ : le nom d'Anne-Marie Stretter semble enclencher la reconstitution,

ordonnée, avec un très léger décalage, par les voix, à travers le passage de l'imparfait (V2 : « Le soir, ils dansaient? ») au présent (V1 : « Ils dansent »), de l'évocation à la présentation ; la caméra termine son panoramique sur une glace (miroir de la représentation) et atteint, au terme d'un long mouvement, les personnages, au moment même où les voix rejoignent enfin, après une longue dérive, l'image et le présent de l'action montrée (la danse du couple) ;
– l'absorption dans la diégèse des voix (et plus précisément de la voix 1) qui, au risque de renoncer à leur autonomie narrative (voix off libre), préservée jusque-là, viennent refléter la fiction (voix off liée), comme si elles voulaient, perturbant l'opposition off/in, devenir « in », se substituer aux corps qui occupent l'écran, dire leur souffrance et leur désir : sur la fin du plan, alors qu'apparaissent au fond d'une glace Anne-Marie Stretter et Michaël Richardson dansant, la voix 1 demande : « Pourquoi pleurez-vous? », puis, alors que les deux danseurs se sont figés dans leur enlacement, elle avoue (parlant pour l'un des personnages montrés ou s'adressant à l'autre voix) : « Je vous aime, jusqu'à ne plus voir, ne plus entendre, mourir... » ;
– le retour, au terme du plan, de la voix de la mendiante (déjà entendue, mais non située sur le plan 2 : off libre) et ancrage de cette voix dans l'espace de la diégèse, le parc (voix off liée) : la phrase criée par la mendiante, si elle est toujours incompréhensible, trouve, dans ce plan, un écho à l'image, une place dans la diégèse et déclenche une action (les personnages tournent la tête vers le parc, lorsque la voix de la mendiante se fait entendre).

UNE REPRÉSENTATION AUSSITÔT MISE EN DOUTE

Au terme de ce plan 9 et des nombreux événements qu'il met en œuvre et qui tendent tous vers la conjonction de l'image et du son, semblent s'amorcer le mécanisme d'une reconstitution et, avec lui, un engrenage narratif pris en charge par le montage et ordonné par les voix qui racontent et commentent :
– retour des mêmes personnages dont les gestes semblent esquisser le début d'une action : sortie dans un parc (plans 11, 12, 14) ;

– apparition d'un personnage nouveau vêtu de blanc, vu de loin (plan 13), devant un étang (miroir), que les voix désignent aussitôt comme « Le Vice-Consul de Lahore en disgrâce à Calcutta » et qui, par rapport au groupe indistinct des jeunes gens gravitant autour d'Anne-Marie Stretter (auquel s'ajoutera, au plan 21, le jeune homme en pantalon blanc, torse nu) se trouve distingué et isolé, à travers notamment le jeu du montage alterné et rapide des plans 13, 15 (le Vice-Consul au bord de l'étang) et des plans 12, 14 (Anne-Marie Stretter et les deux jeunes hommes dans le parc), puis par sa position à l'écart dans le plan (position en retrait de voyeur : plan 23) ;
– alternance, décalée dans le temps, de plans d'extérieur-jour généralement très brefs (plans 10, 12, 13, 14, 15...) avec le retour de certains lieux (les tennis déserts, le grillage et la bicyclette rouge d'Anne-Marie Stretter : plans 16 et 26) et des plans d'intérieur-nuit (plans 18, 19, 20, 21, 22, 24, 25...) généralement beaucoup plus longs, illuminés par des lustres où, sur fond de musique de piano (la quatorzième des trente-trois variations de Beethoven sur une valse de Diabelli) et sur la coulée intermittente des voix qui évoquent la mort d'Anne-Marie Stretter (plan 18), racontent son histoire (plans 21, 22), celle de la mendiante (plan 18), celle de Michaël Richardson (plan 21) puis celle du Vice-Consul (« L'homme vierge de Lahore » – plan 23), s'exhibent des corps silencieux souvent immobiles, se tissent autour du personnage d'Anne-Marie Stretter des relations indécises, s'ébauchent et se suspendent des actions qui ne présentent aucun déroulement logique ou chronologique.

Si, à partir du plan 9, avec l'entrée en scène des personnages et le rapprochement des voix off et des images, un processus narratif et représentatif semble s'esquisser, celui-ci non seulement reste à l'état embryonnaire, mais il est aussitôt désamorcé par des effets de décalage, de distance et d'incertitude qui viennent mettre en doute le spectacle naissant, le transformer en souvenir, le reléguer dans un passé mort et un espace incertain où se creuse la distance entre l'actrice et le personnage qu'elle incarne, entre le présent de l'image et le passé révolu d'une histoire achevée, entre le reconstitué et l'accompli, entre la vie et la mort, entre l'actuel et le virtuel :
– avant même que le personnage principal de la représentation, Anne-Marie Stretter, n'apparaisse (en reflet) « incarné » ou plutôt

« esquissé » par l'actrice à la chevelure rousse qui l'interprète, sa mort a déjà été annoncée par les voix, sa tombe désignée et son portrait fleuri par le serviteur hindou (quant aux jeunes gens qui entourent Anne-Marie Stretter, ils semblent interchangeables) ;
– alors que le monde extérieur diurne est déserté (les tennis déserts), laissé à l'abandon, avec ses façades délabrées et en ruines, le décor intérieur, celui nocturne d'une réception, avec ses salons relativement luxueux et illuminés, présente toutes les marques de la vie (marques illusoires d'une reconstitution) ;
– au décalage entre l'extérieur et l'intérieur s'ajoute la non-correspondance entre l'espace montré (l'Île-de-France, le château Rothschild) et l'espace référentiel des Indes, évoqué par les voix (Calcutta, l'ambassade de France aux Indes...).

Tout se passe comme si la représentation s'amorçait pour aussitôt non seulement s'absenter du monde auquel elle est censée donner vie (à l'image de la mendiante, figure emblématique de la non-représentation, dont on n'aperçoit que l'ombre fugitive qui glisse sur les marches d'un escalier au plan 10), mais aussi pour s'absenter à elle-même. L'image, loin de se prolonger en action et de donner à voir, entre dans un « rapport indirect libre avec une image-souvenir » que les voix (et la narration off) invoquent ; elle fait ainsi résonner le vide en elle : le manque du réel (à l'image), l'impossibilité d'une reconstitution (fût-elle lacunaire) qui s'exténue en une mise en reflets de ce qui a déjà eu lieu (l'accompli), qui n'est pas là (l'absent), mais hante la représentation de sa présence-absence et lui confère sa dimension cultuelle de cérémonie funèbre.

Cette logique de mise en reflets (ou de mise en présence-absence) attestant d'une présence qui n'est pas là et invoquant une absence qui pourtant fait signe dans l'image (représentation du non-être) est inaugurée par la mise en activité du miroir qui installe dès le plan 9, au moment même où les acteurs apparaissent et où la disjonction des voix et des images semble sur le point de se résorber, un régime de mise en reflets détachant l'image de l'espace, mettant en doute le double effet de présent et de présence de la représentation et préservant l'absence au cœur de la présence indicative de l'image cinématographique.

Quand apparaissent les acteurs (au terme du lent mouvement panoramique du plan 9), l'un d'eux (un jeune homme) est adossé, immobile à la surface d'un miroir et regarde hors-champ deux acteurs qui dansent à côté de lui en reflet : le jeune homme, debout au bord du miroir, en position de voyeur, dédoublé (image directe : de face; reflété dans la glace : de dos), regarde vers la droite, alors que l'objet de son regard (le couple dansant qui, dans l'espace référentiel, est situé devant lui dans le salon) est visible à l'image, en reflet, au fond de la glace (derrière le voyeur), à gauche. Dès la mise en place de la figuration et l'accord réalisé de l'image et des voix, cette disposition (associant le dispositif triangulaire du regard et le régime du miroir) instaure une série de disjonctions qui viennent brouiller la représentation naissante : disjonction entre l'image et le reflet, disjonction entre le voyeur (qui appartient à la fois à l'image directe et à l'image en reflet) et le couple (qui n'apparaît qu'en reflet) et surtout disjonction entre le regard et son objet.

La quête sans fin de l'image originelle, de la rencontre du regard et de son objet, prend, dès lors, à partir du plan 9, le relais du mouvement des voix vers l'image (plans 1 à 9). Elle soutiendra le désir toujours déçu de la représentation (désir du Vice-Consul de voir et d'entrer dans la réception) que met en scène la suite du film à travers la reconstitution lacunaire et déréalisée de la réception à l'ambassade de France aux Indes...

CHAPITRE 2
FILMS EN ÉTUDE : STRUCTURE ET SIGNIFICATION

« À chaque œuvre sa forme. »
(Honoré de Balzac, Préface du *Lys dans la vallée*)

I
TARTUFFE DE MURNAU : SOUS LE MASQUE DE LA THÉÂTRALITÉ

Si l'on demandait d'égrener la liste des chefs-d'œuvre réalisés par W. F. Murnau tout au long de sa trop brève carrière, on serait sans doute amené à demander : « Et *Tartuffe*? », puis à s'exclamer : « Le pauvre film ! » Car écrasé sous le poids des deux monuments cinématographiques entre lesquels il s'insère (*Le Dernier des hommes* et *Faust*), *Tartuffe* est souvent considéré comme une œuvre relativement mineure dans la filmographie murnalcienne. Quand il tourna, en 1925, la libre adaptation de la célèbre pièce de Molière, d'après un scénario de Carl Mayer et sous la pression d'Emil Jannings (qui rêvait de reprendre au cinéma le rôle-titre interprété en 1922, avec succès, au Deutsches Theater, par Eugen Klöpfer), le cinéaste allemand revenait, tout auréolé de sa nouvelle réputation de « plus grand cinéaste du monde », d'un voyage aux États-Unis où il avait présenté *Le Dernier des hommes* (1924) et négocié avec la Fox la réalisation de *L'Aurore* (1927), et il travaillait déjà au grand projet de *Faust* (1926). Tout laisse à penser qu'il se lança dans l'aventure du *Tartuffe* sans grand enthousiasme. Il « trouvait le thème trop théâtral et ça lui faisait peur »[1], rapporte E. G. Ulmer. Connaissant très bien et appréciant le théâtre classique français, il était gêné par le côté statique de la pièce qui risquait d'enchaîner sa caméra et de paralyser le film, et par l'impossibilité de transposer en images muettes la finesse d'une comédie essentiellement fondée sur le dialogue.

Après *Le Dernier des hommes* – film de la consécration, où, déjà sur un scénario original de Carl Mayer, à l'intérieur d'un cadre théâ-

1. Propos tenus dans un entretien avec Luc Moullet et Bertrand Tavernier, publié dans *Les Cahiers du cinéma* n° 122, août 1961.

tralisé, le cinéaste allemand atteint à une sorte de réalisme symbolique et de pureté cinématographique –, et avant *Faust* – film de l'émancipation, où il se libère définitivement du référent théâtral pour porter le drame sur le théâtre du monde et décliner, à travers l'universalité du mythe, toute la gamme des possibilités expressives du cinéma –, *Tartuffe* semble être le film de l'impossible. Et à l'impossible nul ne semble être tenu, pas même Murnau ; car son *Tartuffe* ne fut bien accueilli ni par le public, ni par la critique qui, tout en reconnaissant les qualités plastiques de l'œuvre, ses finesses décoratives et ses effets d'éclairages, lui reprocha sa lourdeur. « La paralysie envahissait tout, regrette sévèrement et sans discernement Siegfried Kracauer [...]. C'était un bon spectacle de théâtre. La caméra avait beau errer, elle se subordonnait toujours à Jannings et aux acteurs au lieu de les utiliser à ses propres fins. Ce *Tartuffe*, loin de faire comprendre au public ce qu'était l'hypocrisie, était lui-même une tartufferie. »[2] À la vérité, le film de Murnau peut apparaître de prime abord comme un film sans grande invention visuelle, lesté par une *histoire-cadre* moderne et moralisatrice dans laquelle les critiques ne virent qu'un supplément inutile, entravé par l'inflation des intertitres (173 contre un seul dans *Le Dernier des hommes*) et ankylosé par la relative immobilité de la caméra ; ce qui, ajouté au confinement spatial et à l'artificialité des décors, contribue à renforcer l'impression négative et superficielle de théâtralité qui peut se dégager de l'œuvre.

Pourtant, à y regarder de plus près, on se rend compte que *Tartuffe* marque un tournant décisif dans l'évolution esthétique de Murnau. En tant qu'expérience limite et presque cathartique, il a permis au cinéaste d'aller au bout des relations ambiguës qu'il entretenait avec le théâtre et ainsi de liquider le fantasme ou le mythe d'une *théâtralité pure* ou *théâtralité purement cinématographique* qui, sous l'influence des théories de Georg Fuchs et des mises en scène de Max Reinhardt, a hanté le cinéma allemand des années vingt.

2. Siegfried Kracauer, *De Caligari à Hitler*, Paris, Flammarion, « Champs Contrechamps », 1973, p. 164.

QUESTIONNER LES RELATIONS THÉÂTRE/CINÉMA

La façon dont Murnau a pensé et travaillé, jusqu'à *Tartuffe*, les rapports du cinéma au théâtre est essentiellement déterminée par sa volonté d'échapper et de proposer une alternative cinématographique aux partis pris esthétiques de l'expressionnisme et du Kammerspielfilm qu'il juge trop théâtraux[3]. D'un côté *Nosferatu* (1921-1922), par la révolution du plein air et par le recours à des moyens propres au cinéma (mouvements d'appareil, maîtrise plastique et dramaturgique de l'espace, montage complexe...), opère une sorte de critique en acte des films expressionnistes et notamment de *Caligari* (1919) qui tire ses effets hallucinatoires et fantastiques non pas du travail de la caméra mais d'une théâtralisation exacerbée des décors, des éclairages, de la gestuelle et du jeu de l'acteur. De l'autre *Le Dernier des hommes*, que l'on peut considérer comme un chef-d'œuvre absolu de théâtralité filmique, accomplit et dépasse le projet du Kammerspielfilm dont Jean Mitry a très bien dit que s'il fut « l'ultime expression de la théâtralité à l'écran, elle le fut sous ses aspects essentiellement visuels. En effet, poursuit Mitry, si la conception, la construction, l'organisation thématique du sujet, la dramaturgie relèvent intégralement du théâtre, la mise en valeur du concept, la signification du drame relèvent intégralement du cinéma »[4].

Avec *Tartuffe*, Murnau, se confrontant directement et pour la première fois à un grand texte du répertoire classique français, tente non pas de l'adapter, de trouver un équivalent muet à l'art verbal de Molière – comme Lubitsch l'a sublimement fait dans *L'Éventail de Lady Windermare* (en 1925 aussi) à partir de la comédie brillante et bavarde d'Oscar Wilde –, mais d'en explorer les potentialités

3. Dans une interview parue dans *Cinéa-ciné*, le 1er avril 1927, Murnau, qui avait été acteur dans la troupe de Max Reinhard déclarait : « À l'heure actuelle, l'emprise des traditions théâtrales se fait encore beaucoup trop sentir. Personnellement j'ai eu à oublier tout ce que j'ai appris à la scène. Nous avons eu à jeter pardessus bord tout ce qui dans nos moyens d'expression rappelait le théâtre... »
4. Jean Mitry, *Esthétique et Psychologie du cinéma*, Paris, Éditions Universitaires, 1990, p. 414.

cinématographiques et par la même de questionner en profondeur les relations théâtre/cinéma. L'enjeu pour lui est moins d'entrer dans un rapport de simple reproduction avec la pièce, de transférer à l'écran les modes d'expression théâtraux (en filmant par exemple le dialogue visuel), que de transmuter des significations théâtrales en significations filmiques, une réalité comprise à travers des mots en une réalité perçue à travers des images muettes. Ce travail de transmutation ou de transmodalisation ne va pourtant pas de soi, car tout se passe comme si Murnau avait cherché à affubler la représentation filmique des masques du théâtral pour mieux retrouver l'essence de la théâtralité et mieux mettre à nu l'hypocrisie du théâtre filmé. *Tartuffe* est en effet un film qui s'avance masqué et qui place constamment le spectateur devant la question : où finit le théâtre, où commence le cinéma ?

Dans un programme publicitaire de présentation, Carl Mayer esquissait dans son style si particulier un parallèle entre la pièce de Molière et le film, et justifiait la démarche que Murnau et lui ont adoptée : « Le *Tartuffe* théâtral et le *Tartuffe* cinématographique. Intéressant en principe. Le *Tartuffe* théâtral parle et le *Tartuffe* cinématographique garde le silence. Le *Tartuffe* théâtral se caractérise par le flux de ses paroles hypocrites. Le *Tartuffe* cinématographique, par sa mystérieuse impénétrabilité (Jannings parvient à composer le masque du personnage avec une si grande maîtrise intérieure que tous ses états d'âme affleurent de façon si convaincante qu'ils jettent une lumière nouvelle sur le personnage). Le film lui-même, grâce à son inclusion dans une histoire-cadre (le prologue et l'épilogue) est traité comme une sorte de parabole [...]. Il s'agit moins d'une version filmique de l'œuvre théâtrale que de l'utilisation du motif de la pièce de Molière comme incitation et prétexte pour un film. »[5] Ce texte éclaire les principes qui ont guidé Carl Mayer et Murnau dans leur travail de réappropriation et de mise en film du *Tartuffe* théâtral.

5. Texte cité par Luciano Berriatúa, dans *Los proverbios chinos de F. W. Murnau (Etapa alemana)*, Madrid, Filmoteca española, 1990, p. 278.

Il ne s'agit pas d'être fidèle à la lettre voire même à l'esprit du chef-d'œuvre de Molière et de faire semblant de transposer en images muettes et en un récit visuel les situations et les dialogues, mais de se livrer à un véritable exercice de réécriture et d'interprétation de la pièce dont le film ne reprend que les lignes de forces et ne garde que quatre personnages (Tartuffe, Orgon, Elmire et Dorine) : Orgon rentre de voyage et annonce l'arrivée de Tartuffe ; pour faire plaisir à son futur hôte, il fait régner dans la maison un climat d'austérité qui inquiète Elmire, l'épouse aimante, et Dorine, la servante ; Tartuffe arrive enfin : masqué sous les apparences de la dévotion, il apparaît tout de suite comme un être démoniaque dont le but est de s'emparer de la femme et de la fortune de son protecteur, lequel, aveuglé, lui voue une sourde passion ; avec l'aide de Dorine, Elmire, épouse fidèle et délaissée, décide de prouver à son mari la duplicité de l'intrus : après une première tentative (ou mise en scène) déjouée par le faux dévot, elle parvient finalement à confondre, sous les yeux d'Orgon (caché derrière une porte), Tartuffe qui, croyant sa proie à la portée de son désir, révèle ses instincts monstrueux, tombe le masque de la dévotion et se métamorphose en ce qu'il est : un forçat évadé poursuivi par la justice…

La comédie devient une sorte de tragi-comédie qui met à nu le tragique de Tartuffe dans sa bouffonnerie hideuse, d'Orgon dans sa fascination trouble et ridicule pour le faux dévot, et d'Elmire dans son espoir pathétique de reconquérir son puritain de mari. Ce que dévoile et en même temps approfondit la version filmique, c'est en quelque sorte le contenu latent et refoulé de la pièce de Molière. En opérant une sexualisation exacerbée des rapports entre Elmire et Orgon, entre Orgon et Tartuffe et entre Tartuffe et Elmire, Murnau ramène à une visibilité immédiate les forces compulsives du désir qui étaient enfouies sous les mots et qui, dans le film, à travers une logique d'attraction et de répulsion, s'affichent dans le mouvement des corps, se peignent sur les mimiques des visages, se dessinent dans l'intensité des regards, affleurent jusque dans les lignes lascives du décor, s'exposent par le pur jeu des formes et des figures dans l'espace. Le cinéaste se réapproprie la pièce de Molière pour y réinjecter les thèmes privilégiés et la force de son cinéma : un cinéma du désir et non de l'action où est « étalée l'entière distance qui, dans le temps ou l'espace, sépare le guetteur de sa proie »[6], où « chaque être est pour l'autre un vampire ou une victime »[7] ; un cinéma de l'adéquation de l'être et du paraître où « l'apparence n'est pas un vêtement, c'est une peau. [...]. D'où les relents d'hypocrisie qui suintent visiblement de tous les pores de Tartuffe et qui nous choquent [...] mais dont le personnage tire sa fascination »[8].

FILMER LA THÉÂTRALITÉ

La réappropriation de la comédie de Molière passe aussi et surtout par son insertion dans une histoire-cadre (prologue et épilogue) inventée par Carl Mayer : un jeune homme, comédien de profession, décide de sauver son grand-père des griffes de sa gouvernante, hypocrite et dominatrice, qui rêve de lui capter son héritage ; il se déguise en montreur de cinéma ambulant et projette à l'intendante et au vieil homme le film de *Tartuffe* qui ouvre les yeux du vieillard sur les intentions et les agissements de la gouvernante, ainsi démasquée. Certes l'histoire encadrante actualise la morale de la pièce, met l'accent sur l'hypocrisie comme vice majeur de la société contemporaine et accomplit une fonction d'éclaircissement et d'interprétation par rapport à la fable théâtrale qui acquiert ainsi valeur d'exemplarité et tend à se transformer en une sorte de pièce pédagogique (Lehrstück brechtien) ; mais plus profondément elle déplace et complexifie, par le procédé de la mise en abyme, le statut fictionnel de la libre adaptation de *Tartuffe*. Le spectateur regarde en effet un film (*Tartuffe* de Murnau) dans lequel une version filmée du *Tartuffe* de Molière est projetée à un vieil homme et à sa gouvernante par un jeune comédien, déguisé en montreur de cinéma, qui s'est déjà directement adressé à lui et l'a pris à témoin lors du prologue pour le prévenir de la pureté de ses intentions. Le film dans le film qu'est la version filmée de la

6. Éric Rohmer, « L'âge classique du cinéma », dans *Le Goût de la Beauté*, Paris, Flammarion, « Champs Contre-Champs », 1989, p. 75.
7. Éric Rohmer, *L'Organisation de l'espace dans le* Faust *de Murnau*, Paris, Union Générale d'Édition, 1977, p. 86.
8. *Ibid.*, p. 87.

célèbre pièce de théâtre affirme sa nature filmique (en tant que *film projeté* au vieil homme et à sa gouvernante par le petit-fils lors d'*une séance de cinéma*) et se donne comme une réalité fictive (déjà *mise en cinéma*) et artificielle (d'après une *intrigue théâtrale*) s'insérant à l'intérieur d'une histoire-cadre (le film encadrant) qui se veut, elle, réaliste et qui authentifie la réalité référentielle dans lequel le film s'ancre.

Si l'on compare l'histoire-cadre et l'histoire du *Tartuffe* projeté, des parallèles s'imposent : – entre la gouvernante et Tartuffe d'abord, laids et hypocrites (adéquation de l'être et du paraître), qui, sous les masques de la fausse dévotion (domestique et religieuse), cherchent à s'emparer du bien de leurs faibles protecteurs (le vieil homme malade et Orgon fasciné) ; – entre le jeune homme et Elmire ensuite, beaux et innocents (à qui le spectateur s'identifie, avec qui il est complice, à travers les yeux de qui il voit), qui doivent jouer la comédie mais à des fins louables et qui s'opposent au couple gouvernante/Tartuffe comme la beauté s'oppose à la laideur et le masque de l'hypocrite à celui du comédien ; – entre le jeune homme et Tartuffe enfin qui s'introduisent dans une maison, déguisés, mais l'un comédien, pour venir au secours de son grand-père et l'autre hypocrite, pour abuser Orgon...

À ce parallèle de situations répond un contraste très marqué de style entre l'histoire-cadre traitée sur un mode filmique très réaliste dans un décor contemporain et provincial, éclairé par des lumières crues et entièrement créé par des perspectives, et la libre adaptation de *Tartuffe*, filmée de manière plus irréelle, dans une ambiance douce à la Watteau rappelant plus le dix-huitième siècle que le dix-septième siècle. « J'ai senti ici, explique Murnau, un fort défi avec l'expression filmique. La différence de styles entre l'histoire-cadre et la pièce théâtrale même de *Tartuffe*. Tant sur le plan des costumes, des angles de prise de vue, de la lumière que de la mise en scène elle-même. À l'ambiance franchement burlesque du prologue s'oppose l'action du *Tartuffe* tout en nuances et dans une tonalité ténue. Ce contraste me semblait séduisant. Contraste entre les styles et entre le jeu des acteurs. Contraste d'images. »[9] Karl Freund, le directeur de la pho-

9. Texte cité par Luciano Berriatúa, *op. cit.*, p. 278.

tographie, a souvent évoqué ce contraste : « Photographiquement, *Tartuffe* était intéressant. Dans le prologue et dans l'épilogue, j'ai adopté le style moderne en permettant que les acteurs ne portent pas de maquillage, et j'ai utilisé des angles [Freund parle ici d'angles inattendus, comme les angles au ras du sol : on pense aux plans des escaliers et au plan des chaussures avec la silhouette à l'arrière-plan de la gouvernante] ; en revanche dans la partie centrale le flou, le voilé, l'artificiel dominaient. »[10]

On pourrait être tenté de voir dans ce contraste appuyé entre le style moderne et réaliste du film encadrant et le style *artistique* et très pictural[11] du film interne, une volonté de mettre en abyme le théâtre dans le cinéma, d'opposer un dispositif d'énonciation filmique et un dispositif d'énonciation scénique, effets de réel et effets de théâtralité. Mais ce serait tomber dans le piège que tend Murnau et être abusé à la fois par l'apparence cinématographique que se donne le film-cadre en multipliant les effets de réel et par le masque théâtral que conserve la version filmée de *Tartuffe* en raison notamment de l'architecture dépouillée mais très stylisée du décor et du jeu des acteurs amenés, comme Elmire, à jouer devant Tartuffe la comédie de la séduction. Ce serait oublier que, dans le prologue et l'épilogue, l'illusion cinématographique est rompue et les conventions réalistes dénoncées par de nombreux procédés qui surenchérissent sur la théâtralité (division en actes ; interpellation du spectateur par le jeune homme qui en entrant salue un public invisible et à la fin du prologue s'adresse à la caméra ; présence obsédante des rideaux qu'on tire et qu'on baisse comme au théâtre...), et qu'inversement l'habillage théâtral du film interne de *Tartuffe* cache un dispositif d'énonciation à forte identité filmique qui, tout en accusant la théâtralité, ne donne jamais l'impression de théâtre filmé.

10. *Ibid.*, p. 279.

11. On trouve des références à des peintres français comme Watteau, Chardin ou Boucher mais aussi à un peintre allemand comme Alfred von Menzel dont les décors amples et vides ont dû influencer Murnau.

UNE DRAMATURGIE PUREMENT VISUELLE

L'apport spécifique du film de Murnau par rapport à la pièce de Molière, ne peut se définir, pour reprendre les termes d'André Bazin, « que par un surcroît de théâtralité »[12], par une prise en charge cinématographique qui, loin de camoufler la référence théâtrale pour *faire cinéma*, utilise au contraire toutes les ressources du cinéma pour tendre non pas vers la pantomime, mais vers une dramaturgie purement visuelle. Le cinéaste refuse tout à la fois les plans d'ensemble longs, filmés à une distance axiale peu variable et à hauteur d'homme, qui créeraient l'illusion d'un espace scénique frontal et global, et un découpage entièrement subordonné aux déplacements, aux dialogues muets (champ-contrechamp) ou aux entrées et sorties de champ des personnages, qui transformerait l'écran en scène. Il cherche plutôt à instaurer un rapport tendu entre un *devenir scène* de l'espace et une résorption de cet espace autour de la seule présence plastique et dramatique de l'acteur : entre un espace de la représentation, lié au décor (le grand escalier que monte et descend Tartuffe ; l'énorme chandelier qui se dresse devant une paroi claire et nue et qui sert de contrepoint plastique à la silhouette noire du faux dévot ; la toile peinte représentant un paysage devant laquelle Tartuffe et Orgon prennent leur petit-déjeuner...), où l'être est mis en *scène* dans sa relation avec les autres et montré dans une situation de comédie sociale (la fausse dévotion domestique de la gouvernante et religieuse de Tartuffe ; la séduction planifiée d'Elmire...) et un espace de l'expression, lié à une logique de signification cinématographique (cadrages en gros plan de la gouvernante et de Tartuffe ; montage alterné voire parallèle entre Tartuffe qui dévore son petit-déjeuner et Elmire qui pleure dans sa chambre ; mouvement de caméra qui précède Tartuffe quand il descend la nuit rejoindre Elmire...), où l'être est mis en *cadre* dans sa relation avec lui-même et saisi par la caméra, à son insu, en dehors de tout langage socialisé, dans une sorte de fusion entre l'être et le paraître, à travers les manifestations physiques

12. André Bazin, « Théâtre et cinéma », dans *Qu'est-ce que le cinéma ?*, Paris, Éditions du Cerf, 1981, p. 148.

les plus directes de ses émotions (les larmes d'Elmire s'écoulant sur le portrait de son mari) ou de ses désirs (l'œil de Tartuffe convoitant la bague d'Orgon ou Elmire).

Dès l'ouverture du prologue, cette tension est clairement mise en œuvre. Les premiers plans, ponctués par la sonnette qui retentit, présentent la gouvernante dans toute sa vérité, en coulisse, filmée avec force effets de réel : d'abord en plan rapproché devant un rideau fermé et sous une lumière crue, se réveillant et se levant furieuse, après avoir envahi le champ de tout son corps ; puis, silhouette de plus en plus imposante venant du fond sombre d'un couloir donner un coup de pied dans une paire de chaussures au premier plan. Ce n'est que dans les plans suivants qu'on voit la gouvernante se préparer à entrer en scène et à jouer son rôle de servante dévouée : elle traverse un salon vide et tire les rideaux devant une porte ; se compose un visage avenant ; entre dans la chambre du vieil homme, souriante, et tire les rideaux des fenêtres comme pour éclairer la scène... La comédie peut commencer. Mais Murnau ne se contente pas d'enregistrer la représentation d'un point de vue théâtral ; il redouble le dispositif d'énonciation scénique (instauré par le champ vide, la porte qui s'ouvre, les rideaux qui se tirent) d'un discours proprement filmique qui, à travers les plans rapprochés de la gouvernante et les effets de montage (insert des chaussures dispersées du vieil homme), dénonce le double jeu de celle-ci au spectateur.

Si Molière mettait en mots la comédie de l'hypocrisie, le cinéaste, lui, filme les signes mêmes de l'hypocrisie telle qu'elle suinte du visage sans fard et boursouflé de la gouvernante ou transpire du masque impénétrable et hideux de Tartuffe, et met en scène l'ascendant physique que prend l'hypocrite sur sa proie en se rendant maître de l'espace et en imposant sa présence écrasante dans le champ au point d'en expulser sa victime. Les décors du film interne, d'un blanc crémeux et lisse, sans détails et sans autres ornements que les moulures, semblent avoir été dessinés pour mettre en relief la stature et le vêtement noir de Tartuffe. « Le vestibule, explique Robert Herlth le décorateur, ne fut qu'une paroi dont la plastique fut donnée par la forme de Jannings se promenant de long en large, son bréviaire en main. »[13] Quant au grand escalier où le faux dévot, caché derrière sa bible-masque, entre et sort lentement de scène, il structure architecturalement sa domination et sert d'estrade au personnage qui s'impose aux autres par sa taille, comme en témoigne la scène où Tartuffe fait face à Orgon qui rapetisse devant lui en reculant et descendant d'une marche et devient tout à coup plus petit dans le cadre tandis que Tartuffe grandit.

MENSONGE THÉÂTRAL ET COMÉDIE HUMAINE

Des rideaux que la gouvernante ouvre quand elle entre dans la chambre du vieil homme aux rideaux qui enveloppent la chambre-piège où Elmire attire Tartuffe pour le démasquer, en passant par le rideau que le petit-fils tire à la fin du prologue pour découvrir l'écran de cinéma ou par le rideau derrière lequel se cache Orgon quand Tartuffe l'aperçoit dans le miroitement de la théière..., les rideaux, par leur présence obsédante tout au long du film, tendent à convertir les décors en espace scénique et les situations dramatiques en scènes à jouer ou à surjouer. Tout se passe comme si Murnau cherchait à accuser les signes de la représentation, à insister sur le jeu dans le jeu et à s'appuyer sur l'acceptation du théâtre comme fiction et convention, pour mieux se centrer sur la présence de l'acteur (sa physionomie, sa gestuelle) et interroger la différence entre le mensonge théâtral et la comédie humaine, entre le comédien et l'hypocrite. À la question : « où finit le théâtre, où commence le cinéma? » se superpose dès lors la question : « où finit la comédie, où commence l'hypocrisie? »

Dans le film de Murnau, tous les personnages, à l'exception des deux victimes (le vieil homme et Orgon), sont amenés à la fois à jouer un rôle (être hypocrite ou comédien), à épier la réaction de celui dont ils se jouent ou dont ils tentent de déjouer le double jeu (vérifier l'efficacité de leur jeu) et à être observés dans leur comédie

13. Cité par Lotte H. Eisner, dans *Murnau*, Paris, Le Terrain vague/Ramsay Poche Cinéma, 1964, p. 67.

non seulement par la caméra, mais par un spectateur qui est averti ou qu'il s'agit d'avertir : la gouvernante joue la comédie de la dévotion domestique au vieil homme dont elle épie les réactions, mais elle est elle-même épiée à son insu par le jeune homme qui l'a percée à jour ; Tartuffe joue la comédie de la dévotion religieuse à Orgon dont il surveille les attitudes, mais il est lui-même surveillé à son insu par Elmire et Dorine qui ont deviné ses intentions ; Elmire joue la comédie de la séduction à Tartuffe dont elle observe le comportement, mais elle se sait elle-même observée par Orgon caché derrière un rideau puis derrière une porte ; le jeune homme enfin joue la comédie du montreur de cinéma ambulant à son grand-père et à la gouvernante dont il attend les réactions de spectateur après la projection, mais après s'être adressé à la caméra et au public à visage découvert.

Ce qui distingue le comédien (le jeune homme, Elmire) de l'hypocrite (la gouvernante, Tartuffe), mais peut-être aussi le mensonge théâtral de l'illusion cinématographique, c'est la conscience réciproque de la présence du spectateur et de l'acteur. Le comédien s'affirme en tant que tel dès que la situation théâtrale est clairement définie (le jeune homme qui se maquille dans sa loge avant de s'introduire déguisé chez son grand-père, la mise en scène d'Elmire pour séduire Tartuffe), c'est-à-dire dès qu'un observateur extérieur le regarde et dès qu'il a lui-même conscience de jouer un rôle pour cet observateur (le jeune homme pour nous spectateurs, Elmire pour Orgon). À l'inverse, l'hypocrite refuse, comme le cinéma, toute connivence avec celui qui observe ; il s'appuie sur l'illusion de la réalité ; le spectateur n'a pas sa place dans le jeu de l'hypocrisie, et quand il est découvert par l'hypocrite (comme Dorine regardant par le trou de la serrure, comme Orgon aperçu dans le miroitement de la théière), il est considéré comme un voyeur, comme celui qui regarde, à l'insu de l'observé, un spectacle « qui ne semble en aucune façon avoir été fait *pour lui* »[14].

La place que Murnau réserve au spectateur de son film est à la fois celle du spectateur de cinéma voyeur dont il fait le témoin privi-

14. Jean Mitry, *op. cit.*, p. 434.

légié d'un drame (la comédie humaine de l'hypocrisie) qui l'ignore mais qui l'impressionne, et celle du spectateur de théâtre qui assiste en connivence avec les comédiens, et d'une certaine façon à travers leur point de vue (le récit de l'histoire-cadre n'est-il pas raconté du point de vue du jeune homme et celui du film interne du point de vue d'Elmire ?), à une représentation certes faite pour lui, mais qui finit par se retourner contre lui... Car si le cinéma opère comme un leurre qui séduit et éblouit les spectateurs du film interne que sont le couple de la gouvernante et du vieil homme et les spectateurs de l'ensemble du film que nous sommes, c'est malgré tout dans le piège du théâtre que tombe la gouvernante quand le jeune homme intervient théâtralement après la projection, se démasque et l'accuse et que nous tombons, nous spectateurs, quand, s'adressant directement à nous par l'intertitre final, Murnau nous met en garde contre celui qui est assis à nos côtés (« C'est pourquoi, toi..., sais-tu donc qui est assis à côté de toi ? »), mais aussi contre celui à qui nous avons fait aveuglément confiance et qui pourrait être le Tartuffe par excellence : un hypocrite sous le masque du comédien, et peut-être contre l'apparence même de son film qui reste du cinéma sous le masque de la théâtralité.

II
L'AURORE DE MURNAU : L'ART DE LA COMPOSITION

Considéré comme l'œuvre majeure de Murnau, *L'Aurore* (*Sunrise*, 1927) est un film charnière dans la carrière du cinéaste allemand. C'est à la fois le premier film américain du cinéaste du *Dernier des hommes* et de *Faust* (distribués respectivement aux États-Unis en 1925 et 1926) et l'œuvre dans laquelle il synthétise l'apport et les grands thèmes de sa période allemande. En disposant aux États-Unis auprès de la Fox, d'une grande liberté artistique et financière, Murnau a pour ambition de réaliser un film hautement symbolique et universel. Trois ans plus tard, il divorcera d'avec Hollywood pour suivre Robert Flaherty dans les îles du Pacifique et tourner un dernier chef-d'œuvre, *Tabou*, avant de disparaître accidentellement.

Tiré d'une des *Histoires lituaniennes* de Hermann Sudermann, *Le Voyage à Tilsit*, le scénario de C. Mayer est un récit au présent se référant pourtant à un temps indéterminé, mythique, qui pourrait être celui de la Genèse : « Ce chant de L'Homme et de sa femme est de nulle part et de partout : vous pouvez l'entendre partout en tout temps. » Au début de la fiction le héros succombe à la tentation et réitère le drame du péché originel en commettant l'adultère. Dans un deuxième temps, lui et sa femme, s'abandonnant à la contemplation, soulèvent le déchaînement des Éléments... Après l'épreuve rédemptrice, l'aurore triomphale auréolera l'union mythique d'Adam et Ève. Si le récit fait allusion au Mythe, il demeure néanmoins ancré dans la réalité du lieu et de l'époque de sa production. Le conflit conjugal éclate dans un monde en pleine mutation où l'exode rural semble être la conséquence existentielle de la révolution industrielle. Englobé dans le rapport de l'être à son environnement, le drame conjugal de *L'Aurore* est un drame géographique et atmosphérique qui s'inscrit dans le cadre du conflit opposant l'homme à la femme, la ville à la campagne, la nuit au jour. Si l'antithèse structure le récit, la figure du passage, emblématique du titre, le définit et informe la composition d'ensemble du film.

UNE COMPOSITION MUSICALE

UNE COMPOSITION EN MIROIR

L'ouverture du film (l'exposition) introduit le thème générique de la migration : le départ en vacances des citadins. La fiction commence pourtant alors que la période estivale semble achevée et que le village a repris ses habitudes. La nuit est tombée, c'est l'heure du dîner. La fiction s'achèvera à l'aurore, le surlendemain, soit trente-six heures plus tard. La « *city girl* » qui « a retardé son retour » est le facteur déclenchant du drame.

Le récit est construit en deux parties. Spatialement le couple accomplit un aller-retour (village-lac-ville/ville-lac-village) dont le pivot (le pardon consécutif au mariage) se situe à l'épicentre du film. Temporellement le récit épouse la courbe du soleil qui atteint son zénith justement au moment du remariage symbolique du couple à l'église (soirée-nuit-matin/après-midi-soirée-nuit et aurore).

La première partie expose les données du drame conjugal qui s'absout dans l'église après un rebondissement (la tentative de meurtre projetée et refoulée du mari sur le lac) qui a entraîné, malgré lui, le couple en ville.

Dans la deuxième moitié du film, la question du retour au village est posée, et au terme d'un après-midi et d'une soirée riches en *assaisonnements*, l'intrigue va connaître un nouveau rebondissement : c'est le naufrage nocturne où la nature déchaînée accomplit dans le réel ce qui n'avait été qu'une tentative projetée et refoulée par l'homme (Ansass). Le dénouement verra le sauvetage inespéré de la jeune femme (Indre) et le départ effectif de la vamp pour la ville.

Chacune de ces deux parties connaît :

– son moment et son lieu de tentation et de transgression : la première lors de la séquence de la tentation et de l'adultère dans les marécages ; la deuxième dans la séquence du Luna Park (la poursuite du cochon répond à la traversée des marécages ; la danse paysanne à la danse endiablée de la vamp dans les marécages...).

– son moment dramatique avec sa traversée du lac : dans la première partie, le mari embarque sa femme le matin pour la tuer avant d'y renoncer dans un sursaut de conscience coupable ; dans la deuxième partie, le couple d'époux rentre de la ville, la nuit, en barque et essuie une violente tempête durant laquelle la femme échappe de peu à la noyade. Dans la première, la nature est calme et le couple en crise ; dans la deuxième, la violence est le fait de la nature tandis que les époux sont unis.
– son moment cathartique : la première, à l'église, intense moment de reconnaissance ; la seconde, à la fin, lors des retrouvailles de l'homme avec sa femme.

Cette composition en miroir permet à Murnau de mettre en place une poétique de correspondances entre les deux grandes parties du récit, avec des jeux d'échos entre scènes (Ansass qui s'avance d'un pas lourd sur la barque vers Indre pour la tuer et Ansass qui à la fin se précipite en courant vers sa maîtresse pour l'étrangler ; les plans de l'arrivée et du départ en tramway ; les plans du carrefour lors de l'arrivée du couple en ville et après la réconciliation à la sortie de l'église...), entre motifs qui tissent des rimes imaginaires. Parmi ces motifs : le fagot de joncs qui littéralement noue et dénoue l'intrigue. La vamp cueille et rassemble des joncs, le soir de son rendez-vous clandestin avec Ansass : le fagot devant servir à sauver Ansass après la noyade d'Indre. Ansass rentre chez lui à l'aube et dissimule le fagot sous une couverture. Le matin Ansass se réveille, un travelling avant cadre en plan serré le fagot que la couverture ne cache plus, puis un plan rapproché montre ensuite les mains d'Ansass attrapant le fagot qui ne sera pas utilisé lors du parcours aller sur le lac. Lorsque la tempête fait rage au retour, Ansass noue le fagot autour de la taille de son épouse pour la sauver de la noyade. Un plan montre Indre flottant sur le lac grâce au fagot..., mais les joncs se dispersent. C'est en voyant les joncs éparpillés à la surface de l'eau qu'Ansass perd tout espoir de retrouver sa femme vivante. Ce motif du fagot de joncs est à mettre en relation avec la chevelure d'Indre qui reste nouée tout au long du film avant de se dénouer comme le fagot à la fin du film. Le fagot de joncs, initialement destiné à soutenir Ansass après le meurtre pour lui permettre de regagner la rive devient la bouée à laquelle Indre doit son salut dans la tempête.

UNE COMPOSITION MUSICALE EN TROIS MOUVEMENTS

Cette bipartition du récit semble pourtant contredite à trois niveaux.

Temporellement, l'action se déroule en trois temps : la nuit, le jour et enfin la nuit pour se clore à l'aurore : nuit/jour // jour/nuit // nuit/aurore. Spatialement, l'action se déroule en trois lieux : au village, à la ville, puis à nouveau au village, ou plus précisément : village/lac // ville/Luna Park // lac/village. Dramaturgiquement, un ensemble de scènes relevant de la comédie est inséré entre deux segments narratifs tragiques : tragique/détente/tragique.

Si le récit est structuré en deux parties, sa forme, de nature cyclique, est apparentée à la forme de la sonate de chambre allemande. Cette analogie de la composition de l'*Aurore* à la forme de la sonate classique en A B A' éclaire à un niveau structurel le caractère hautement musical de ce chant de l'homme et de sa femme, de nulle part et de partout qu'a composé Murnau.

Le premier mouvement a une tonalité tragique et une progression dramatique constante qui culmine lors de la cérémonie à l'église.

Le deuxième mouvement, plus inégal, est une phase de latence où l'intensité dramatique s'est relâchée, alors que le soleil décline. Il est constitué d'une succession de scènes traitées sur différents modes : le mode lyrique et pathétique (la rue, le grand Café, l'église), le mode comique et psychologique (le coiffeur), humoristique (le photographe) et enfin le mode de la farce (la course au cochon). Le passage du premier mouvement andante au rondo s'effectue insensiblement à l'instar du passage de la campagne à la ville en tramway qui est l'un des moments les plus éblouissants du film.

Le troisième mouvement renoue avec la tonalité tragique et reprend la courbe directrice du premier mouvement, mais en la concentrant en une nuit (une durée diégétique d'environ six heures) et en déplaçant le drame de la sphère conjugale à celle de la nature. Les éléments naturels réduisent à néant le bonheur humain retrouvé par Ansass et Indre en ville. Réinscrit dans le cycle de la nature, le destin du couple est soumis au devenir du monde dont il n'est qu'une part infime et fragile.

COURBE NARRATIVE ET SCHÉMA SÉQUENTIEL

Générique

Exposition (durée 2'28") : « Ce chant de l'Homme et de sa femme est de nulle part et de partout... » : installation dans le temps du mythe; fondu au noir : vacances d'été; fondu au noir; « Parmi ces vacanciers était une femme de la ville... ». Mouvement de l'universel vers le particulier, au temps du mythe succède le temps du drame...

Premier mouvement : Le drame conjugal ou le péché originel (durée diégétique : de la soirée au matin = 18 heures; durée filmique : environ 30 minutes).

I. Première nuit : la tentation et l'adultère

1. La femme de la ville : la vamp s'apprête à rejoindre son amant; elle se prépare et traverse le village.
2. Le mari infidèle : la vamp siffle l'homme qui sort de chez lui, laissant son épouse seule.
3. Le récit des deux vieilles femmes qui évoquent l'histoire du couple : deux flashback (avant/maintenant).
4. Le rendez-vous dans les marais : du village aux marais (travelling), le meurtre projeté et l'adultère.
   Fondu au noir (ellipse de l'adultère).

II. Le lendemain matin : la tentative de meurtre et le sursaut de conscience

5. Retour de l'homme chez lui, à l'aube : torpeur et doute de l'homme; la mise en place du meurtre.
6. Sur le lac, une balade au fil de l'eau : la tentative de meurtre et la prise de conscience d'Ansass (la cloche qui sonne).
7. À travers les bois : la fuite d'Indre poursuivie par Ansass (« N'aie pas peur ! »).
8. Le voyage en tramway : transition de la campagne à la ville, le couple dans le tramway (travelling).

Deuxième mouvement : l'amour à la ville ou le remariage symbolique (durée diégétique : de l'après-midi à la nuit = 12 heures ; durée filmique : un peu plus de 35 minutes).

I. En ville : le remariage ou la diversion et la confrontation aux autres

9. L'arrivée en ville, le carrefour ou dans la jungle de la ville : l'homme protecteur.
10. Le cœur brisé de l'épouse que l'homme tente de reconquérir : a) le café-restaurant (l'assiette de gâteaux) ; b) la fleuriste (le bouquet) ; c) sous le porche dans l'ombre.
11. Dans l'église, le pardon : le re-mariage symbolique ; le soleil est à son zénith = épicentre du film.
12. Dans la rue, l'état de grâce : le baiser en plein carrefour (la prairie paradisiaque/l'embouteillage), le désir de reformer un foyer (photo de mariage et d'un enfant).
13. Au salon de coiffure : l'homme doit changer de visage ; le sentiment de jalousie ou la confrontation au désir des autres. Fondu au noir.
14. Dans le studio du photographe, la photographie du baiser du couple : confronter son amour au regard de l'autre ; fixer l'amour ; du regard des autres au miroir de soi, se reconnaître.
    Fondu au noir.
15. La femme de la ville lit des annonces dans le journal (rappel du danger).
    Fondu au noir.

II. Au Luna Park : la lune de miel ou la fascination et l'oubli de soi

16. La fête foraine : la tentation.
17. La fuite du cochon : la transgression.
18. La danse paysanne : la libération des corps.
19. Fin de la lune de miel : restaurant (angelots), sortie du Luna Park, feu d'artifice..., l'ivresse.
    Fondu au noir.
20. L'homme et l'épouse remontent dans le tramway.
    Fondu au noir.

Troisième mouvement : Le drame naturel et la rédemption (durée diégétique : de la nuit à l'aurore = 6 heures ; durée filmique : un peu plus de 20 minutes).

I. Le drame nocturne ou le châtiment divin

21. Sur le lac au clair de lune : le retour au village en barque.
22. La tempête : la barque chavire.
    Fondu au noir.

II. La recherche de la noyée ou l'expiation

23. Indre perdue : l'homme, accroché à un rocher, appelle...
24. Les habitants du village à la recherche de l'épouse... sous le regard de la vamp (perchée sur un arbre). Les joncs dispersés semblent annoncer la mort de la jeune femme.

III. Le sauvetage d'Indre et... d'Ansass : la victoire de la vie

25. L'homme seul et désespéré : l'homme seul chez lui, la vamp vient le retrouver ; fou de rage, il la poursuit (insert des marins qui portent Indre), et tente de l'étrangler..., quand survient l'appel de la nourrice.
26. L'épouse sauvée : l'homme au chevet d'Indre ; le marin raconte aux villageois le sauvetage (flashback du sauvetage).
    Fondu au noir.

Épilogue : le retour à l'état initial : le bonheur retrouvé

27. L'Aurore : Le départ de la vamp ; le couple et l'enfant (Indre cheveux dénoués : le couple s'embrasse) ; le soleil se lève. Retour au temps du mythe.

UNE DRAMATURGIE PLASTIQUE

L'ORGANISATION DU CONFLIT DANS L'ESPACE

Le conflit mis en récit par *L'Aurore* est pris en charge par l'organisation des formes dans l'espace qui génèrent au sein du cadre des tensions plastiques. L'ouverture du film préfigure ce conflit. Si le premier plan du film marque déjà l'opposition entre les formes statiques et dynamiques, le deuxième plan, par la surimpression d'un train lancé à vive allure sur un autre, dessine la figure du croisement. Ce motif, expression signalétique du conflit, est récurrent dans le film. Il caractérise notamment l'intrusion de la femme de la ville dans la vie du couple formé par Ansass et Indre. Dans la scène de la tentation au début du film, le conflit conjugal est traduit par le croisement de deux traverses repérables dans l'armature de la fenêtre du logis face à laquelle l'intruse (la vamp) s'est installée et au centre de laquelle Ansass, entendant l'appel de la femme de la ville, vient ensuite s'enfermer. Murnau suggère le dilemme de l'homme, partagé entre sa femme et sa maîtresse, par le montant de l'amorce d'une cloison éclairée qui sépare deux espaces vides : séparation contre laquelle l'homme vient se placer comme pour marquer son indécision. Ce motif plastique réapparaît à plusieurs reprises dans le film : l'armature en Z des portes ; les armatures en croix des nombreuses parois vitrées ; l'ombre portée des montants et traverses sur le lit de l'épouse en signe de destin ; l'ombre portée des branches et des feuillages sur la façade du logis dessinant un lacis inextricable...

La profondeur de champ contribue également à déployer le conflit dans l'espace. Dans la première scène du film où deux villageois mangent patiemment leur soupe, une énorme lampe au premier plan sert de *repoussoir*, ouvrant ainsi une profondeur de champ impressionnante d'où émerge la femme de la ville venue faire cirer ses chaussures. Si cette femme apparaît immédiatement comme une intruse, c'est par le rapport asymétrique qui s'instaure entre l'avant-plan (le couple de paysans) et l'arrière-plan (la vamp) et qui donne naissance au contrepoint : gros/petit ; surexposé/sous-exposé.

Cette ouverture de la profondeur de champ est parfois associée à une bipartition de l'espace qui est source de tension dramatique. Cette tension entre deux espaces est mise en évidence par un jeu de contraste entre les zones sombres et éclairées, et des oppositions entre surfaces chargées et surfaces neutres. Le plus bel exemple de cette tension se manifeste dans le fameux plan où la jeune paysanne donne à manger aux poules et aux pigeons : elle apparaît dans l'embrasure de la porte dont l'arête centrale verticale sert de frontière à l'autre moitié du plan, façade intérieure de la maison plus sombre et dense contre laquelle l'œil vient buter. Cette construction en porte-à-faux génère une tension dramatique renforcée par l'activité quotidienne à laquelle se livre la jeune femme insouciante du danger qui la menace.

On retrouve cette organisation de l'espace dans le plan exceptionnel où Indre livrée à ses doutes, seule dans la barque, est dans une situation d'attente en raison de l'absence de son mari parti attacher le chien qui s'était détaché. Pour créer une tension dramatique, Murnau refuse le jeu du montage alterné (femme qui attend/mari parti attacher le chien) pour focaliser son attention sur l'attente anxieuse de la femme, occultant l'action du mari ; il exploite ainsi le savoir différentiel entre le spectateur qui connaît le projet de meurtre et la jeune femme qui ignore, même si elle pressent quelque chose, l'intention de son mari. Ce plan d'une durée de trente-cinq secondes, alors qu'il ne se passe strictement rien du point de vue de l'action, est remarquable : la jeune femme oppressée, tant par l'attente que par le *cadrage obsédant*, esquisse le geste de se lever comme pour s'en aller, puis se rassied ; elle se rassure en souriant de sa propre peur. L'espace, par une légère plongée, est organisé autour d'un axe central horizontal, séparant l'élément solide (la barque) de l'élément fluide contre lequel la jeune femme se tient verticalement en porte-à-faux. Murnau exploite ici les ressources plastiques de l'élément aquatique : la menace est ainsi déplacée de façon métonymique sur l'inquiétant miroitement d'une eau stagnante.

Il convient de souligner l'importance de l'eau dans le film, dont le metteur en scène utilise l'ensemble des ressources, – plastiques : dans la séquence de la tentative de meurtre sur le lac, – métaphoriques : alors que l'homme *plonge* dans le sommeil de ses instincts meurtriers (l'eau figurant l'ellipse par association de l'élément informel à la dimension intemporelle), – et dynamiques : dans toute la séquence de la recherche vaine sur le lac. Lors de cette séquence l'eau devient l'élément moteur d'une mise en scène qui repose désormais sur les aléas du mouvement aquatique, produisant ainsi cette sensation de dérive des plans, par les traversées obliques des barques et des roseaux dans le champ vide, à l'image de la tragique dérive de l'homme.

UNE DIALECTIQUE DU MOUVEMENT ET DE L'INERTIE

L'intrigue du film se noue dans la séquence des marécages. Le lit de roseaux, dépositaire des ébats du couple adultère, donne le départ à un mouvement de caméra vertigineux sur les empreintes coupables, relevant autant du déplacement métonymique que d'une logique fétichiste, par détour du regard, focalisation obsessionnelle sur les traces profondes dans la boue, et dévoilement progressif des talons aiguilles de la vamp puis de sa jambe galbée alors qu'elle se baisse pour arracher les joncs qu'elle assemble au clair de lune, tels les ramifications de l'intrigue qui vient de se nouer dans cette séquence clef. Le fagot de joncs, nœud de l'intrigue, signifiant tant de l'adultère que de la noyade préméditée, est ce fardeau que l'homme verra réduit en lambeaux après le naufrage, comme signe tragique du dénouement.

L'inertie semble associée au village, la profusion du mouvement caractérise la ville. La fiction s'ouvre par un plan fixe dans une demeure du village, dans lequel surgit soudain la femme de la ville, virevoltant telle une chauve-souris ou un insecte nocturne, autour d'une source lumineuse. On notera la diversité des occurrences animalières attribuées à la vamp (oiseau de proie, veuve noire, félin, reptile). La mise en mouvement de l'intrigue coïncide avec la mise en mouvement de la caméra : au cinquième plan, un travelling panoramique à 180° suit, puis accompagne le déplacement de la femme de la ville dans la rue du village, alors qu'elle se rend devant la maison de son amant pour le tirer de sa léthargie. Contaminé par la fièvre du désir, l'homme se met à son tour en mouvement et Murnau de nous offrir l'un des mouvements de caméra les plus époustouflants du film. Prise sur le vif, la trajectoire fluide de la caméra en travelling multi-axial s'entrelace avec celle plus tortueuse d'Ansass pour dessiner la figure d'une spirale infernale, dans laquelle l'homme vient s'engouffrer… Puis, toujours dans le même mouvement et dans un raccourci impossible, la caméra devance l'homme pour reprendre la fixité d'un observateur ayant pris ses distances, afin de mieux le laisser seul se compromettre. Ces mouvements d'extase de la caméra trahissent en fait des moments d'ivresse et de compromission des personnages. Les surimpressions de vues en travelling de la ville dans les marécages préfigurent les mouvements virtuoses et cycliques de la caméra (dans la séquence de Luna Park) dont les trajectoires courbes riment ironiquement avec le grand-huit en toile de fond : il y a dans *L'Aurore* une critique virtuose du mouvement et de l'illusion dont il est porteur.

La figure du cercle prédomine d'ailleurs dans l'ensemble de la séquence au parc d'attraction, dont l'emblème est la rosace qui tournoie à la porte d'entrée : son mouvement étant nul car il atteint l'immobilité en son point central. Les images et formes mouvantes, devant lesquelles l'œil se grise, sont l'expression du leurre et de la fascination, par opposition aux formes statiques qui aspirent à l'inertie, au gel du temps, à l'image du baiser figé par la photographie, réplique du reflet des visages des *jeunes mariés* sur la vitrine. Face à l'expansion et l'attraction de la ville, la jeune femme exprime l'inertie et la contraction : par sa posture (la tête rentrée dans les épaules), par son allure (cheveux noués et chapeau rond), mais aussi par la portion congrue que lui dessert le cadre qui l'emprisonne le plus souvent par redoublement du cadre dans le cadre. On notera qu'aucun mouvement de caméra n'accompagne ses déplacements.

PARTITION MUSICALE DU MOUVEMENT

La confrontation radicale des forces contraires, statiques et dynamiques, intervient au terme de la première moitié du film, lors du renversement différé de l'intrigue, point culminant de l'intensité dramatique : le trajet en tramway et l'arrivée du couple à la ville. Face à la conciliation impossible entre l'horreur de la femme et la culpabilité de l'homme surgit une nouvelle confrontation, celle d'un couple anéanti ayant à affronter le mouvement insolent de la ville, radicalement indifférente à leurs démêlés tragiques. Dans ce passage, Murnau propose une partition musicale du mouvement, jouée en crescendo, et dont on peut dégager cinq périodes.

Sur le lac commence la première période. Le mouvement provoqué par le déplacement de l'embarcation sur l'eau est annulé par la position fixe de la caméra placée dans la barque. Les personnages sont filmés en plongée et occupent tout l'espace du cadre.

Mais le rebondissement de l'intrigue s'exprime par une deuxième période, celle de la course à travers le bois. Là, le mouvement s'est inversé, les personnages traversent de part en part le champ fixe de la caméra qui n'effectue un panoramique que lorsque surgit le tramway.

Le trajet en tramway, qui correspond à la troisième période, est l'expression du mouvement contradictoire, pivot de la dialectique. Si l'on est apparemment revenu au schéma du mouvement nul qui présidait dans la barque, le tramway devient une caméra mouvante qui, dans un somptueux travelling, déroule la toile de fond d'un monde désormais en mouvement. Le paysage qui défile et change continuellement à l'arrière-plan s'oppose à l'immobilité du couple au premier plan que les barres ou montants des fenêtres du tramway séparent. On soulignera, dans cette courte séquence, la beauté de la mise en scène de Murnau qui, pour exprimer l'intériorité d'une femme terrassée par l'horreur, la montre laminée par les reflets du mouvement de la ville qui s'impriment sur la double paroi vitrée, et surtout par les rayons du soleil jouant à cache-cache derrière les arbres de la forêt sur sa nuque et son épaule. Le même effet est repris par le frémissement du foulard sur sa nuque, prise dans un courant d'air, expression de sa fragilité.

La quatrième période commence à la descente du tramway par une plongée dans le réel comme au sortir du cinéma. La toile de fond est passée brutalement à l'avant-plan. Noyé dans la masse, agressé et bousculé par le flot incessant des automobiles et des passants, le couple déconfit est pris dans le mouvement inéluctable de la ville. L'immobilité forcée de la caméra en osmose avec l'inertie du couple devient l'objet d'agressions répétées par les allées et venues devant l'objectif. Le mouvement frénétique des passants, s'opposant à l'immobilité du couple, a pour effet majeur de redoubler l'émotion de la scène.

L'intégration du couple au mouvement de la ville est l'objet de la cinquième période, période de la résolution, qui s'achève après la réconciliation des époux dans l'église où ils ont trouvé refuge. Cette intégration se manifeste par un travelling arrière qui ouvre le passage au déplacement du couple.

On notera par ailleurs l'articulation du mouvement aux oppositions des ombres et des lumières, comme par exemple lors de la mobilisation du village au moment du drame quand le ballet des lanternes vient rompre l'ombre dense de la chambre de la femme de la ville. Ce flux lumineux traduit autant l'agitation du village que l'intensité sonore et dramatique du moment, l'illumination en saccades de la vamp postée à sa fenêtre dénotant d'abord son incrédulité, puis sa compréhension fulgurante de l'action.

Le film se termine symboliquement à l'aurore. Pour le dénouement la jeune femme a dénoué le nœud tragique de sa coiffure, grâce notamment aux eaux du lac. Elle est maintenant installée radieuse plein champ, une dernière fois en attente..., et l'homme pénètre enfin dans son espace pour la protéger, avec ses bras, des bords tranchants du cadre... et dessiner l'union au point de jonction entre la nuit et le jour.

Ce dernier plan résume tout l'enjeu du film, structuré par des oppositions nécessaires, créatrices de formes et de vie : conflit entre l'homme et la femme, la nuit et le jour, la campagne et la ville, l'ombre et la lumière, le mouvement et l'inertie... Un peu comme si, après le tumulte, le couple reformé affirmait son affinité profonde avec les lois et les rythmes de l'Univers.

III
TO BE OR NOT TO BE DE LUBITSCH : LE THÉÂTRE OU LA VIE

Après avoir débuté comme acteur au Deutsches Theater de Max Reinhardt, Ernst Lubitsch n'a cessé d'entretenir avec le théâtre des relations privilégiées : non seulement parce que la très grande majorité de ses films, notamment ceux de la période américaine, sont des adaptations de pièces de théâtre (*The Marriage Circle, Forbidden Paradise, Kiss me Again* et son remake *That Uncertain Feeling, Lady Windermere's Fan* d'après Oscar Wilde, *So this is Paris, The Patriot, The Love Parade, Monte Carlo, Broken Lullaby, One Hour with You, Trouble in Paradise, Design for Living, Angel, Bluebeard's Eighth Wife, The Shop Around the Corner, Heaven can Wait*) ou d'opérettes (*The Student Prince in Old Heidelberg, The Smiling Lieutenant, The Merry Widow, The Lady in Hermine*) ; mais aussi et surtout parce que toute son œuvre est sous-tendue par la référence constante, implicite ou explicite, à l'univers théâtral comme métaphore de la vie et des rôles qu'on est amené à y jouer, et que bon nombre de ses comédies sont parsemées de citations ou de souvenirs de Shakespeare (*Kohliesels Töchter, Romeo und Julia im Schnee, Bluebeard's Eighth Wife, Cluny Brown, The Lady in Hermine*).

Au sein de ce cinéma qui a puisé dans la fiction scénique la source de ses scénarios et son mode de représentation et de fonctionnement social (le monde comme scène de théâtre), *To Be or Not to Be* (1942) occupe une place toute particulière. S'il représente sans aucun doute, au-delà et à travers la satire du nazisme, l'hommage le plus direct que le cinéaste ait rendu au théâtre en général et à Shakespeare en particulier, il est paradoxalement, avec *Ninotchka* (autre satire idéologique, mais du communisme !), l'unique film américain du cinéaste qui ne soit adapté ni d'une pièce de théâtre ni d'un roman (comme *Three Women*, *Eternal Love* et surtout *Cluny Brown*) et qui soit tiré d'un scénario original : un scénario de circonstance et de dénonciation, directement écrit pour le cinéma, dont le sujet est précisément le théâtre et le jeu des acteurs, et où la satire du nazisme est ramenée à l'univers de la comédie, et la scène théâtrale déplacée dans la réalité et étendue aux coulisses de l'Histoire.

D'UN THÉÂTRE L'AUTRE

To Be or Not to Be ne renvoie pas au théâtre comme mode d'expression et de représentation concurrent du cinéma, mais comme point de départ d'une subversion active des différents degrés de fiction et niveaux de réalité qui se superposent et se confondent dans l'univers filmique. L'architecture complexe du film, signée par Melchior Lengyel et Ernst Lubitsch, s'articule autour des rapports d'échange (rapports de transposition, d'anticipation, de répétition, de contamination...) qui, dans l'euphorie et l'illusion acceptée de la fiction, s'instaurent entre la scène et la vie, entre l'apparence et la réalité, entre le théâtre et l'Histoire.

Dès le prologue, Lubitsch met en place ce qu'on peut considérer comme le programme fictionnel de *To Be or Not to Be*. Le spectateur y est confronté à trois niveaux de réalité dont la perception (ou reconnaissance) est à chaque fois brouillée ou retardée par l'interférence subversive du théâtre qui opère comme un leurre et tend à réduire ou à gommer la frontière entre le documentaire et la satire, entre le sérieux et le rire, entre la réalité diégétique et le jeu théâtral, entre le comportement des nazis et celui des comédiens :
– une réalité référentielle historique, présentée par une voix over sur un mode parodiquement documentaire : Varsovie (reconstituée en studio), en 1939, à la veille de l'invasion allemande, dans laquelle apparaît, décontextualisé, un « petit homme à moustaches » que les passants atterrés prennent pour le personnage historique (le véritable Hitler), le spectateur, amusé et abusé, pour un personnage diégétique (un Hitler fictionnel comme le personnage de Hynkel dans *Le Dictateur* de Chaplin), mais en qui une fillette saura reconnaître un acteur déguisé (un faux Hitler) ;

– une réalité fictionnelle *comique* qui est d'abord donnée au spectateur comme faisant partie de la diégèse (au siège de la Gestapo à Berlin, un jeune garçon est interrogé par deux officiers qui lui offrent un tank en jouet pour obtenir des informations sur son père soupçonné de trahir le Führer...), mais qui s'avère n'être qu'une réalité théâtrale mise en abyme dans le film : la répétition de la pièce de théâtre *Gestapo* qui, sous ses apparences comiques (l'attitude de Jack Benny interprétant un colonel nazi qui bâille en disant « *Heil Hitler !* » ; la plaisanterie sur Hitler qui « finira en fromage » racontée par l'enfant et terminée par l'officier ; la série des « *Heil Hitler !* » en cascade, la réplique ajoutée par Bronski/Hitler « *Heil* moi-même ! »), doit être aux dires-mêmes du metteur en scène « une pièce sérieuse, un drame réaliste, un document sur les nazis » ;
– une réalité diégétique qui a pour cadre le milieu théâtral et la vie d'une troupe de comédiens polonais en répétition qui *sur scène* incarnent des nazis bêtement disciplinés et totalement soumis à une hiérarchie, mais qui dans la *vraie vie* apparaissent d'emblée comme un ensemble anarchique d'individus à l'ego très affirmé que le metteur en scène ne parvient pas à contrôler : des figurants (Greenberg, pour qui « un bon rire n'est pas à dédaigner », et Bronski, qui sait qu'il ressemble à Hitler et veut le prouver en sortant dans la rue) à l'actrice féminine principale (Maria Tura, qui veut porter une robe de soirée dans un camp de concentration) tout le monde intervient pour donner son avis ; les acteurs se querellent (Greenberg et Rawitch) ; le couple vedette, mari et femme, (Joseph et Maria Tura) se jalouse et se dispute la tête d'affiche.

En moins de six minutes Ernst Lubitsch a énoncé les principes que son film va mettre en œuvre.

Le premier principe est celui de la mise en abyme du théâtre dans le film. Quatre pièces interviennent directement à l'intérieur de l'histoire en tant que fictions au second degré qui éclairent et dont se nourrit la fiction principale comme répertoire de phrases à faire refonctionner ou de situations à rejouer : – *Gestapo*, la pièce imaginaire de dénonciation que répète la troupe de comédiens dans le prologue et qui sera interdite de représentation ; – *Hamlet*, la pièce de Shakespeare et son fameux monologue : « *To be or not to be...* »

(acte III, scène 2), qui est déclamé sur scène par le « grand, grand acteur polonais » Joseph Tura à trois reprises (le premier soir, puis en remplacement de Gestapo interdit, et enfin à Londres au moment de l'épilogue) ; – *Le Marchand de Venise*, la pièce de Shakespeare, et la tirade de Shylock (acte III, scène 1) que Greenberg récite d'abord dans les coulisses du théâtre, puis au milieu de Varsovie en ruines, enfin devant les nazis lors de la réception organisée en l'honneur d'Hitler ; – « Meurtre à l'Opéra », la pièce imaginaire que la troupe prend comme référence pour le stratagème final.

Le deuxième principe est celui du déplacement de la scène théâtrale vers la scène de la réalité. Initiée dès le prologue par la sortie dans Varsovie de Bronski, déguisé en Hitler (le spectacle dans la rue), cette logique de déplacement métaphorique et métonymique d'une scène à l'autre informe la structure d'ensemble du film : des comédiens, parce que *Gestapo*, la pièce qu'ils répètent, est interdite, puis le théâtre dans lequel ils jouent *Hamlet* bombardé (première partie : le théâtre sur scène et en coulisses et l'intrigue sentimentale), sont d'abord condamnés à entrer dans la vie civile et à laisser le devant de la scène aux envahisseurs nazis (deuxième partie : le théâtre de l'Histoire et l'intrigue d'espionnage), puis sont amenés, pour résister et survivre (être ou ne pas être) à jouer hors du théâtre et à transposer leurs personnages de la pièce *Gestapo* dans la trame de la réalité diégétique (troisième partie : le théâtre dans la vie et le triomphe du jeu)... avant de pouvoir donner une représentation d'*Hamlet*; dans un théâtre de Londres (l'épilogue et le retour sur scène). Ce principe est décliné sur différents modes tout au long du film. On le retrouve lors des trois représentations d'*Hamlet*; quand Joseph Tura, entrant en scène et commençant à déclamer son monologue, voit un spectateur se lever dans la salle, suit du regard son départ et devient lui-même public (le spectacle dans la salle). Il est clairement exprimé à la fin de la première partie dans les répliques des comédiens qui mettent en parallèle l'interdiction de la pièce *Gestapo* et l'invasion de la Pologne par les nazis et qui par là même soulignent le déplacement de la scène théâtrale vers le théâtre des opérations militaires et de l'Histoire : Tura : « Ne nous tourmentons plus pour la pièce sur les nazis » ; Rawitch : « Ils se feront le plaisir d'en jouer une autre, beaucoup plus grande » ; Maria Tura : « Il n'y a pas de censure pour les arrêter. » Et un peu plus tard, au début de la deuxième partie, devant les images de Varsovie dévastée par des bombes, la voix over surenchérira sur la théâtralité des événements diégétiques et historiques : « Le rideau est tombé sur le drame polonais... Une tragédie peut-être sans fin. » À la fin de la deuxième partie, en proposant à Maria Tura de jouer dans la vraie vie un rôle d'espionne nazie, le professeur Siletsky invite l'actrice à passer de la scène à la réalité : Siletsky : « Vous êtes actrice n'est-ce pas et au théâtre vous choisissez vos rôles. Dans la vie il faut choisir le meilleur côté » ; Maria : « J'ai joué un rôle d'espionne, c'était très émouvant » ; Siletsky : « La réalité l'est davantage » ; Maria : « Ne fusille-t-on pas les espions ? » ; et par la suite elle ajoutera : « Vous savez, Professeur, si on meurt au théâtre, ensuite on se relève et on vient saluer. Mais si on meurt dans la vie, ensuite on est juste mort. » Cette remarque, et avec elle le principe du déplacement de la scène théâtrale vers la réalité, trouve son illustration la plus saisissante et son renversement le plus vertigineux dans la séquence de la mort de Siletsky : il meurt sur la scène du théâtre Polski en esquissant le salut nazi sous le regard stupéfait des comédiens qui, restés dans la salle et devenus spectateurs du jeu dangereux de la réalité, voient comme dans un miroir, sur leurs propres planches, dans le décor d'Hamlet, le vrai espion interpréter à leur place, avec juste ce qu'il faut d'emphase, la mort du nazi. Ce n'est plus la scène théâtrale qui se déplace dans la réalité, mais la réalité qui monte sur scène et s'affuble des attributs les plus spectaculaires et tragi-comiques du théâtre (les projecteurs qui se braquent sur l'espion, le rideau qui se lève, le coup de pistolet, le corps qui s'écroule sur scène dans un cri...).

Le troisième principe est celui du leurre ou de la subversion de la réalité diégétique par le jeu des déguisements et des simulacres théâtraux. Ce principe du leurre, mis en place dès l'ouverture du film à l'intention du spectateur qui est abusé par une réalité qu'il croit diégétique (le personnage d'Hitler, le bureau de la Gestapo à Berlin) et qui s'avère être théâtrale, va être utilisé par les comédiens contre les nazis. Tout au long de la troisième partie (soit près de la moitié du film), les acteurs jouent, au péril de leur vie, de faux nazis afin de déjouer et de combattre de vrais nazis qui sans le savoir interprètent leur propre rôle. Les armes dont ils se servent sont les artifices théâtraux (les décors, les costumes, les accessoires, la mise en scène, leur savoir-faire d'acteur...) qui leur permettent de subvertir la réalité déjà théâtrale du nazisme et de la mettre à l'épreuve d'une autre théâtralité, à figure plus humaine, celle de la comédie. Au cours de cette troisième partie du film qui dure plus de quarante minutes, le spectateur assiste à la représentation d'une véritable pièce de théâtre (une variation de *Gestapo* ou une fiction au second degré) qui se joue en cinq actes, dans la vraie vie, mêlant dans un étourdissant jeu de miroir le factice et l'authentique, et élevant l'illusion théâtrale à la puissance du réel.

UNE REPRÉSENTATION SUR LE VIF EN CINQ ACTES : LE TRIOMPHE DU JE(U)

L'exécution des stratagèmes mis au point par la troupe de comédiens à partir des coulisses du monde en guerre qu'est devenu le théâtre Polski se déroule selon une logique de crescendo dramatique (comédie et suspens) et scénographique qui, au fil d'une évolution à la fois parallèle et symétrique, montre d'une part les comédiens de plus en plus unis dans leur action et performants dans leur jeu ou mise en scène, et d'autre part les nazis de plus en plus ridicules et mécaniques dans leurs réactions. Le signal du début de la représentation sur le vif est donné par Maria Tura quand elle entre chez le professeur Siletsky vêtue de la superbe robe de soirée qu'elle portait, au grand dam de son metteur en scène, lors de la répétition de la pièce *Gestapo* alors qu'elle était censée incarner une jeune femme déportée dans un camp de concentration. Le costume de scène trouve ici un usage beaucoup plus adapté au rôle que s'apprête à jouer dans la vraie vie l'actrice : un rôle d'agent double où elle pourra laisser libre cours à sa coquetterie et à son goût de la séduction et du double jeu en subissant les assauts de courtisans de plus en plus incongrus : le professeur Siletsky qui lui promet une vie remplie de luxe et de danger, le colonel Ehrhardt qui lui offre du beurre et trois œufs par semaine et enfin, comme le croit Ehrhardt, Hitler lui-même (ou plutôt son incarnation par Bronski). Chaque acte, introduit par le personnage de Maria Tura qui assure la transition entre les coulisses et la scène du monde réel, s'organise autour de la mise en scène d'un stratagème (déguisement ou simulacre) qui vient subvertir les degrés d'authenticité de la réalité diégétique, renverser les données dramaturgiques et mettre le jeu théâtral (le faux) à l'épreuve du référentiel nazi (le vrai).

L'acte I marque l'irruption de la réalité extérieure dans le monde du faux-semblant et confronte les comédiens, piégés par leur propre stratagème et leur égocentrisme, à la théâtralité d'un adversaire qui les *bat* sur leur propre terrain. Pour la première et dernière fois dans le film, la troupe d'acteurs opère hors du monde réel, à l'intérieur et à l'abri de leur théâtre qu'ils transforment en faux quartier général de la Gestapo pour y attirer et y piéger le professeur Siletsky. Mais le piège ne fonctionne pas, car les rapports entre le factice et le vrai, entre le théâtre et la vie, entre l'acteur et l'homme ordinaire, entre le comédien et le nazi s'inversent au détriment des comédiens qui comprennent que pour vaincre les nazis, il leur faudra non plus amener la réalité extérieure dans le théâtre, mais projeter le théâtre dans la vie. Face au vrai professeur Siletsky qui joue son rôle de nazi à la perfection jusque dans la mort, « le grand, grand acteur polonais » Joseph Tura, qui compose le personnage du colonel Ehrhardt, dont l'original lui est alors encore inconnu, ne se montre pas à la hauteur de son partenaire de jeu et adversaire politique. Non seulement il est à court de texte et d'inspiration (sortant sans cesse prendre des conseils en coulisses auprès de son metteur en scène et répétant pour meubler les vides de la conversation : « Ainsi, ils m'appellent camp de concentration Ehrhardt ! »), mais il se trahit lui-même par sa vanité d'acteur (« Je crois que le mari est un grand, grand acteur polonais, Joseph Tura. Vous en avez entendu parler ? ») et par sa jalousie de mari qui lui fait perdre le contrôle de son jeu au point de se tromper de porte pour sortir de scène. Mais inversement, alors que dans sa composition du colonel Ehrhardt il n'avait pu refouler sa vanité et sa jalousie d'homme, une fois découvert, quand tourné contre le mur, sous la menace de l'arme de Siletsky, il croit sa dernière heure arrivée en entendant un coup de feu qu'il imagine à tort lui être adressé, loin de redevenir lui-même, il reste un acteur cabotin en dépit du danger de la situation, et sort de son rôle de nazi pour entrer sans transition dans le rôle d'un héros de la résistance polonaise et tomber théâtralement, dans une posture comiquement héroïque, de dos, en levant le bras droit et en criant « Vive la Pologne ! ». À cette fausse mort de Tura, personnage humain, trop humain, traitée sur le mode comique par Lubitsch qui met l'accent sur la schizophrénie de l'acteur déchiré entre l'être et le paraître, entre ses sentiments intérieurs et le rôle qu'il joue, s'oppose de façon parfaitement symétrique la vraie mort de Siletsky, personnage totalitaire, qui meurt sur scène, tué non pas par un acteur mais par un vrai soldat (le lieutenant Sobinski lui aussi monté sur scène pour jouer son propre rôle), dans une sorte de moment de vérité : de face, levant le bras gauche, esquissant le salut nazi et commençant à dire « *Heil Hitler !* »..., et sans jamais laisser apparaître la moindre fissure entre le rôle de nazi qu'il joue et la personne qu'il est.

L'acte II est le reflet inversé de l'acte précédent : à l'irruption de la vie dans le théâtre succède la transposition du théâtre dans la vie ; si l'acte I avait montré qu'un nazi pouvait être meilleur acteur qu'un comédien, l'acte II démontre rétrospectivement qu'un comédien jouant un rôle de nazi peut avoir le même comportement qu'un nazi et que le théâtre peut anticiper sur la réalité. Au quartier général de la Gestapo, le vrai colonel Ehrhardt reçoit le faux Siletsky/Tura : la réalité rejoint et dépasse la fiction théâtrale telle qu'elle était représentée dans la pièce *Gestapo* (la plaisanterie sur Hitler...) et telle que les comédiens l'avaient mise en scène dans l'acte précédent. Non seulement le rendez-vous est également avancé d'un jour dans la réalité, mais surtout le colonel Ehrhardt apparaît comme la caricature de l'interprétation qu'avait faite de lui, sans l'avoir jamais vu, l'acteur (« Ainsi, ils m'appellent camp de concentration Ehrhardt ! »). Tout en vérifiant, avec satisfaction, face à l'original (à la fois plus théâtral, plus primitif, plus pleutre et plus ridicule que la copie !), la justesse de la composition anticipée du colonel SS, le faux professeur Siletsky/Tura, devenu un acteur plus mesuré, rejoue, non plus en improvisant mais d'après le modèle, le rôle que sans le savoir le vrai professeur Siletsky a joué pour lui (« Colonel Ehrhardt, c'est un rêve que de respirer de nouveau l'air de la Gestapo... »). À la différence des nazis incapables de sortir de leur propre jeu et d'être spectateurs d'eux-mêmes (Siletsky sur le mode sérieux et Ehrhardt sur le mode grotesque), l'acteur se trouve ici des deux côtés du miroir, dans une sorte de dédoublement réflexif où il est à la fois réfléchissant (acteur) et réfléchi (spectateur) : en même temps qu'il tente de renvoyer à Ehrhardt le reflet exact de son modèle (le professeur Siletsky), Tura s'observe dans l'image déformée que lui renvoie de lui-même le Colonel Ehrhardt : d'abord en caricaturant involontairement l'interprétation que le comédien avait imaginée pour lui et ensuite en établissant explicitement le parallèle qui sous-tend tout film entre les nazis et les mauvais comédiens quand, à propos du « grand, grand acteur polonais Joseph Tura », il prononce la fameuse réplique jugée scandaleuse à l'époque : « Oui, j'ai vu Joseph Tura sur scène. Ce que nous faisons aujourd'hui à la Pologne, il le faisait alors à Shakespeare. »

L'acte III consacre la victoire de la mise en scène théâtrale sur la mise en scène des nazis pétrifiés dans leur crainte de la hiérarchie et abusés par leur idéologie de l'apparence qui les empêche de distinguer l'être du paraître, le vrai du faux, la réalité de l'illusion. Au quartier général de la vraie Gestapo, le vrai colonel Ehrhardt organise la confrontation entre le faux professeur Siletsky/Tura vivant et le cadavre du vrai professeur Siletsky assis dans un fauteuil : la copie et l'original sont parfaitement identiques... à une question de vie ou de mort et de barbe près. Tandis que les nazis, certains d'avoir piégé l'imposteur, attendent derrière la porte, Siletsky/Tura, seul dans le salon, change les données de la mise en scène théâtrale imaginée par le colonel Ehrhardt en falsifiant la réalité (l'original) et en transformant le cadavre du dangereux professeur Siletsky en un vulgaire accessoire de théâtre : il rase le mort et lui colle une fausse barbe. Par cet artifice de maquillage qui fait basculer les apparences, le cadavre du vrai Siletsky devient celui d'un porteur de fausse barbe, donc celui d'un simulateur, donc celui de Tura mort. L'acteur a ainsi mis en scène, à l'intention des nazis leurrés par les apparences, sa propre mort et en a confié le rôle au cadavre du vrai Siletsky qu'on a vu mourir sur scène comme un comédien.

L'acte IV constitue une sorte d'apothéose qui dénoue l'action et scelle le triomphe de la comédie humaine des acteurs sur la théâtralité mécanique et totalitaire du nazisme. Comme dans l'acte précédent, il s'agit de subvertir une réalité déjà mise en scène par les nazis, mais c'est la troupe dans son ensemble (y compris le lieutenant Sobinski) qui entre en scène pour un dernier feu d'artifices théâtraux qui est donné dans l'enceinte même d'un théâtre où se déroule la réception organisée par les nazis en l'honneur de la venue d'Hitler à Varsovie. À cette occasion, les comédiens montent une énorme supercherie (le clou du spectacle!) qui consiste d'abord à court-circuiter la mise en scène nazie en y injectant du vivant (un individu sans uniforme qui clame son humanité), puis à la détourner et à la récupérer en se substituant à Hitler et à sa garde rapprochée. Les deux rôles principaux de ce stratagème qu'il a fallu répéter en coulisses sont tenus par Bronski et Greenberg, deux modestes figurants de la compagnie (les deux hallebardiers de Hamlet), qui ont l'occasion de sauver leurs camarades et d'assurer leur fuite en jouant enfin le rôle de leur vie (« Tu désires jouer un rôle important ; c'est une scène pour un grand acteur, si tu la joues bien tu nous sauves tous » dit Dobosh à Greenberg avant de mettre son plan à exécution)..., et ce devant les spectateurs les plus appropriés pour vérifier et recevoir leur vérité d'acteur : vérité du paraître pour l'un qui ressemble à son modèle, et vérité de l'être pour l'autre, qui est le personnage qu'il interprète. Bronski, dans un rôle muet, prend la place du vrai Hitler et donne la meilleure preuve de sa ressemblance avec « le petit homme à moustaches » devant les dignitaires nazis eux-mêmes qui, aveuglés par leur sens de la hiérarchie et leur fascination de l'apparence, sont incapables, contrairement à la fillette du prologue, de découvrir l'imposture. Quant à Greenberg il vit jusqu'au plus profond de son être d'acteur juif polonais résistant, la tirade de Shylock qu'il a toujours rêvé de jouer et qui, devant un auditoire nazi, retrouve une profondeur insoupçonnée : « Ne sommes-nous pas des humains? N'avons nous pas des yeux, des mains [...] Si vous nous torturez, ne nous vengerons-nous pas? », et ce d'autant plus qu'elle répond par un effet d'écho inversé à l'artificiel plaidoyer pro-nazi que le professeur Siletsky avait récité devant Maria Tura (« Nous ne sommes pas des monstres... Nous sommes comme les autres, nous aimons danser, chanter. Nous apprécions les femmes. Nous sommes humains,... très humains »). En réunissant dans ce dernier rôle son être d'acteur et son être intime (le comédien et l'homme ordinaire), Greenberg, qui dès le prologue est apparu comme le porte-parole de Lubitsch, résout, l'espace d'une tirade, le dilemme entre l'être et le non être, entre l'être et le paraître, entre la vie privée et le jeu théâtral auquel n'ont cessé d'être confrontés les acteurs tout au long de leur aventure : une aventure qui, à travers notamment les personnages de Rawitch et surtout de Joseph Tura, les a montrés, d'abord ridicules : divisés, égoïstes et aveuglés par leur propre ego ; puis comiquement maladroits : rivalisant de cabotinage au point de se trahir par excès de zèle et de vanité, mais de rester en représentation jusque dans les plus grands dangers ; et enfin triomphants par leur sens du jeu et de la mise en scène, et solidaires face à l'inhumaine comédie des nazis.

L'acte V conclut la pièce jouée dans la vraie vie par les comédiens sur une chute comique qui pousse jusqu'à l'absurde l'engrenage totalitaire dans lequel l'illusion théâtrale a enfermé les nazis. Dans un avion où toute la troupe déguisée est réunie, le faux Führer (Bronski) ordonne aux vrais nazis qui pilotent l'appareil de sauter dans le vide : ils s'exécutent, parachevant par ce comportement mécanique plaqué sur du vivant l'image de plus en plus inconsistante et grotesque que le film a donnée des nazis, comme en témoignent les trois représentations de la mort nazie : la mort théâtrale de Siletsky qui s'écroule, tué par un résistant, en tentant de crier « *Heil Hitler !* » ; la *mort* ridicule d'Ehrhardt qui, persuadé d'avoir marché sur les plates-bandes amoureuses du Führer, tente de se suicider hors-champ et ratant son suicide hurle « *Schulz !* » ; la mort absurde des pilotes qui se jettent dans le vide simplement parce que le Führer le leur demande. À ces trois *vraies* morts s'opposent les *fausses* morts de Tura qui lui, et c'est la puissance de l'art, peut se permettre grâce au théâtre de se jouer de la mort et de sublimer la vie par le je(u) : il joue sa propre mort quand il croit être abattu par l'espion nazi et il se met lui-même en scène mort en confiant le rôle au cadavre de Siletsky. « Je joue donc je suis », telle est peut-être la *philosophie* qui traverse le film et tout le cinéma de Lubitsch, une philosophie de la comédie et du divertissement dans tous les sens du terme.

CHAPITRE 3
MOSAÏQUE CRITIQUE : D'UN FILM L'AUTRE

« Quant à la critique proprement dite, j'espère que les philosophes comprendront ce que je vais dire : pour être juste, c'est-à-dire pour avoir sa raison d'être, la critique doit être partiale, passionnée, politique, c'est-à-dire faite à un point de vue exclusif, mais au point de vue qui ouvre le plus d'horizons. »
(Charles Baudelaire, *Le Salon de 1846*)

I
PROMESSES D'ŒUVRES

HONOR DE CAVALLERIA D'ALBERT SERRA : DON QUICHOTTE AU SEPTIÈME CIEL DU CINÉMA

Il y a les films que l'on aime déjà avant de les avoir vus et ceux que l'on n'attendait pas, des films qui ouvrent un chemin buissonnier entre le passé et l'avenir, entre le cinéma et le monde, venus de nulle part, tombés des nues, qu'on regarde en levant et écarquillant les yeux comme si on voulait les toucher du regard pour se persuader qu'ils peuvent exister ; des films champêtres qu'il faut savourer comme une partie de campagne cinématographique, couché dans l'herbe avec le ciel pour témoin et le nez au vent ; des films pour spectateur oisif que l'inaction ou plutôt l'utopie de l'action arrive encore à émouvoir ; des films à la radicalité modeste où le temps s'écoule paresseusement et la nature s'offre généreusement ; des films aux vertus médicinales qui délassent non pas l'esprit, mais le corps comme un bain de sensations dans lequel on s'immerge pour réveiller nos sens et réapprendre la démesure des choses les plus quotidiennes jusqu'au désenchantement... : *Honor de Cavalleria* (2007), le premier opus, presque amateur, d'un jeune Catalan de trente et un ans qui avoue ne pas aimer le monde contemporain et ses films, est de ceux-là. Il est tout cela et encore un peu plus.

S'il rappelle *Gerry* de Gus Van Sant, *Japon* de Carlos Reygadas ou *Blissfully Yours* d'Apichaptong par sa beauté âpre et archaïque, s'il partage avec d'illustres modèles, comme *Les Onze Fioretti* de Rossellini, *L'Évangile selon saint Matthieu* de Pasolini et le *Lancelot du Lac* de Bresson, le désir ascétique de ramener le mythe à la mesure immémoriale de l'homme, *Honor de Cavalleria* est avant tout une proposition de cinéma inédite autour et entre les lignes et chapitres de ce sommet universel de la littérature qu'est le *Don Quichotte* de Cervantès. Un sommet auquel il s'attaque par une voie assurément moins spectaculaire et directe que celles empruntées par Orson Welles et Terry Gilliam dans leurs adaptations maudites et inachevées, mais tout aussi follement aventureuse et peut-être plus intimement don quichottesque.

Albert Serra, tel est le nom de ce cinéaste en herbe dont les images prennent si bien la tramontane et la lumière, s'est aventuré dans le cinéma comme le célèbre hidalgo et son écuyer dans le monde de la chevalerie, avec une caméra mini DV et deux acteurs non professionnels qui parlent catalan, l'un jeune et bien en chair, l'autre vieux et tout en os. Et il les a filmés ou plutôt rêvés en Sancho Pança et Don Quichotte battant une campagne sans moulins à vent, à pied ou à cheval, à l'aube ou au crépuscule, de très près ou de très loin, entre ciel et terre..., à la lisière du roman de Cervantès dont la lettre s'est presque effacée sous les matières du monde, l'action résorbée en contemplation et l'esprit ressourcé dans un humble et rugueux palimpseste filmique.

LE DERNIER DES FOUS DE LAURENT ACHARD : L'ÉLOGE DE L'OMBRE

> Si partout ce qui est visible ne doit pas être totalement méprisé, il faut du moins le considérer comme très inférieur à ce qui ne peut être vu. (Érasme, *Éloge de la folie*)

Il est des cinéastes rares dont chaque œuvre s'impose avec la fulgurance toujours renouvelée de la première fois et la violence toujours inattendue d'une météorite. Laurent Achard est de cette trempe-là. Découvert dans les années quatre-vingt-dix avec trois très beaux courts métrages – *Qu'en savent les morts ?* (1991), *Dimanche ou les fantômes* (1994), *Une odeur de géranium* (1997) – et un premier long métrage très remarqué *Plus qu'hier, moins que demain* (1998) qui trouvait ses racines et ses références (et quelles références : le meilleur du cinéma français !) du côté du Rozier de *Sortie des Classes*, du Eustache de *Mes petites amoureuses* et du Pialat de *La Maison des bois* et de *L'Enfance nue*, il revient au cinéma, presque oublié, après huit ans d'absence, n'ayant entre-temps tourné qu'un seul et impressionnant plan-séquence de neuf minutes : *La Peur, petit chasseur* (2004), et nous assène un deuxième long métrage intense et lumineusement sombre qui diffuse une terreur sourde et fascinante.

Très librement adapté du roman canadien *The Last of the Crazy People* de Timothy Findley publié en 1967, *Le Dernier des fous* (2006) sonde l'indicible d'un fait divers tragique de la folie ordinaire. Le cadre de cette tragédie qui se déroule en quelques semaines jusqu'à son dénouement inexorable et pourtant inouï : une ferme carrée et sa campagne environnante, anonyme et un peu hors du temps où l'été semble avoir figé toute vie, tous travaux des champs, tout renouveau dans l'attente redoutée d'une catastrophe imminente. L'histoire, celle d'une famille radiographiée dans sa phase terminale de désintégration, asphyxiée dans un lacis de non-dits et de silences : une mère à moitié folle (Dominique Raymond) cloîtrée dans sa chambre à l'étage ; un père inexistant et accablé par l'existence (Jean-Yves Chatelais), sous la coupe d'une grand-mère glaciale et despotique (Annie Cordy) obnubilée par son désir de vendre la propriété agricole qui ne rapporte plus rien ; un grand frère suicidaire, torturé par l'échec de ses amours interdites et de sa vocation artistique, noyant sa différence dans la bière (Pascal Cervo) ; et, unique rayon de tendresse et de raison, la servante marocaine au grand cœur, Malika (Fettouna Bouamari), la seule à pouvoir dispenser aux uns et aux autres un peu de chaleur humaine… Et puis il y a Martin (magnifiquement incarné par Julien Cochelin) au visage impassible et à la démarche si particulière, avec ses bras ballants, qui, du haut de l'innocence muette de ses onze ans sans cesse bafouée ou ignorée, se heurte à la folie des êtres et à la cruauté du monde avant d'être happé lui aussi par le bruit et la fureur, et la part d'ombre trop grande pour lui qui a fini par ronger son cœur volé.

Le Dernier des fous tire son inquiétant pouvoir d'étrangeté du parti pris radical de mise en scène adopté par Laurent Achard qui maintient le spectateur dans l'incertitude concernant l'origine du mal, les motivations ou intentions exactes de ses personnages. Tout est vu et entendu à partir du point de vue de l'enfant qu'on suit pas à pas dans sa découverte d'un monde qu'il essaie de décrypter avec pour seul repère le pays d'où il vient, c'est-à-dire sa famille, et sans autre médiation que son regard. Comme l'explique le réalisateur,

« Martin est un buvard, il absorbe tout ce qu'il voit et entend. La réalité lui arrive de manière directe, frontale, brutale. Il est constamment confronté à la violence, sans aucun des garde-fous nécessaires : la parole, l'affection… qui lui permettraient de la tenir à distance et d'y répondre. » Il est le cœur sensible par lequel toute l'histoire est éprouvée : non seulement spectateur des drames obscurs qui se jouent autour de lui et qu'il observe dans l'ombre à travers un trou percé dans une porte, la trappe d'une grange, une meurtrière, ou posté au bas de l'escalier de la maison…, mais aussi miroir déformant dans lequel la réalité se reflète légèrement amplifiée, imperceptiblement filtrée par l'univers mental de Martin : ses peurs, ses souffrances, ses fureurs étouffées et informulées, autant de fantômes qui habitent et imprègnent peu à peu chacune des images du film et donnent au spectateur la sensation singulière parfois de basculer dans le cerveau de l'enfant.

Née de la tension entre ce qui est montré et ce qu'on ne voit pas, entre le visage impassible de l'enfant et le hors-champ de sa vision, entre la violence occultée et sa trace sonore, entre l'ombre et la lumière, entre ce qui est filmé et ce qui reste inassimilable pour la conscience, cette sensation hante les moments les plus troublants du film : devant la cabane obscure au fond des bois où le frère retrouve un partenaire sexuel ; au bord du lac aux eaux sombres où la petite voisine manque se noyer la première fois que du sang ruisselle sur ses jambes ; dans la pénombre de la chambre quand Martin recouvre d'un châle blanc le corps nu de sa mère étendue sur le lit…, juste avant de passer à l'acte et dans le hors-champ…, et de disperser dans un bruit de tonnerre les limites du foyer. « C'est fini Martin, c'est fini ».

L'heure de sa fuite, hélas !
Sera l'heure du trépas. (Arthur Rimbaud, *Une saison en Enfer*)

ÉLÈVE LIBRE DE JOACHIM LAFOSSE : JONAS OU LES DANGERS DE L'ÉDUCATION

Des gémissements dont on ne sait pas trop s'ils sont de jouissance ou de souffrance ponctuent le générique sur fond noir d'*Élève libre*

(2009), le quatrième long métrage du jeune et talentueux réalisateur belge Joachim Lafosse. Ce sont les cris d'un bel adolescent blond qui, sur un court de tennis, renvoie inlassablement les balles d'un partenaire d'entraînement resté confiné dans le hors-champ. Comme tout au long du film, réalisé entièrement en plans-séquences (à l'exception de deux courtes scènes de voiture), aucun contrechamp, aucun changement de plan ne vient interrompre cette ouverture centrée sur le personnage principal, Jonas, qui est filmé en mouvement et plan serré, enfermé dans son effort et plaisir solitaire ; le monde qui l'environne, où les jeunes de son âge sont étrangement absents, reste flou jusqu'à ce qu'il se dirige à la fin de son entraînement vers un groupe de jeunes trentenaires qui l'entourent de leur bienveillante sollicitude...

Dans le dernier plan du film, Jonas apparaît immobile, face à la caméra, dans un long plan d'ensemble fixe, au milieu d'autres élèves ; il pousse un imperceptible soupir de soulagement lorsqu'il entend son nom prononcé hors-champ dans la liste des reçus au concours qu'il a présenté en candidat libre : l'épreuve scolaire est surmontée, quant à celle plus personnelle de la libre initiation aux choses de la vie, si elle semble avoir été profitable, on ne saura pas si elle est de celle qui fait naître un jeune adulte ou définitivement mourir l'enfance.

Entre ces deux très beaux plans, entre les cris initiaux et le silence final, entre l'isolement d'un adolescent en situation d'échec et sa réintégration dans le monde social des jeunes gens de son âge, *Élève libre* raconte l'histoire d'une relation éducative qui se noue, jusqu'à l'ingérence et la violence, entre Jonas, volontaire et livré à lui-même, et trois jeunes bourgeois (un couple et un célibataire improvisé précepteur) trop zélés à vouloir lui inculquer ce qu'ils croient être leur libre pensée et absence de préjugés moraux. Histoire d'un commerce peu équitable, d'une éducation intime, trop intime que Joachim Lafosse met en scène avec une rigueur subtilement manipulatrice, dans un film consciencieusement provoquant et dangereusement lisse, où le spectateur, autour de bons repas, entre échanges de regards complices et au fil de discussions philosophiques, est peu à peu invité à explorer les zones troubles des rapports entre adulte et adolescent, maître et élève, et à questionner les limites incertaines entre pouvoir et désir, transmission et intromission, gai savoir et morne expérience.

II
LA NOUVELLE VAGUE CINQUANTE ANS APRÈS

NE TOUCHEZ PAS À LA HACHE : JACQUES RIVETTE, TRAFIQUANT D'ÉPAVES

Ne touchez pas à la hache (2007), derrière ce titre qui, asséné comme une injonction menaçante, réveille des souvenirs enterrés de cow-boys et d'Indiens sur le pied de guerre, se cache un film de pirate(s), le dix-neuvième long métrage d'un vieux loup de mer de 81 ans qui, après avoir sillonné à contre courant, depuis plus de cinquante ans, les eaux du septième art français et les avoir battues à tous les vents (de la littérature, du théâtre, de la peinture, de l'histoire...), se voit contraint de *pirater* au pied de la lettre un récit de Balzac pour pouvoir filmer comme bon lui semble deux acteurs d'élection (Guillaume Depardieu, instinctif et contenu, et Jeanne Balibar, réfléchie et vibrante) à l'abordage l'un de l'autre, et passer en contrebande sa manière filibustière de faire du cinéma : avec les moyens du bord et un équipage fidèle et indéfectible (Bulle Ogier, Michel Piccoli, Barbet Schroeder...), naviguant à la boussole (sans scénario ou presque : Roger Nimier n'avait-il pas déjà prévenu : « Il est inutile d'écrire des scénarios, car tout est dans Balzac »), un complot ourdi en fond de cale, et toutes voiles dehors, porté par le souffle joueur et cruel de quelque folie ou déraison.

Venant se substituer à un premier projet, écrit pour les deux mêmes acteurs, un scénario original de science-fiction quotidienne, *L'Année prochaine à Paris*, qui faute de soutien financier, n'a pu être monté, le long métrage de Jacques Rivette a tout du film de repli qu'on tourne comme on bat en retraite, mais sans rien céder (garder le même casting), pour reprendre pied sur une terre connue et en apparence plus rassurante pour les armateurs du cinéma.

Que le cinéaste ait très vite songé à puiser dans l'œuvre de Balzac, rien d'étonnant : il l'avait déjà fait pour *La Belle Noiseuse* (1991) son plus grand succès jusqu'à ce jour, qui prend *Le Chef-d'œuvre inconnu* pour modèle. Que dans l'immense corpus du romancier, il ait choisi *Ne touchez pas à la hache*, premier titre de *La Duchesse de Langeais*, le deuxième volet de *L'Histoire des Treize* (le premier volet étant *Ferragus* et le troisième, *La Fille aux yeux d'or*), moins étonnant encore : l'histoire de cette société secrète d'insurgés napoléoniens conspirant à abattre le pouvoir de l'Aristocratie sous la Restauration a toujours fasciné Rivette, elle a déjà directement inspiré le sujet contemporain de *Out one* (1970) et discrètement hanté plusieurs de ses fictions (*Paris nous appartient* en 1960, *Le Pont du Nord* en 1982 ou *Secret Défense* en 1998). Que le cinéaste ait décidé de faire un film d'époque n'a guère de quoi étonner, même de la part d'un metteur en scène issu de la Nouvelle Vague qui n'a cessé de filmer au présent du conditionnel, quand on pense à ses autres œuvres costumées : *La Religieuse* (1966), *Noroît, Hurlevent* (1976), les deux *Jeanne la Pucelle* (1993). Plus surprenant, pour les familiers du cinéaste, est le parti pris qu'il a adopté avec ses deux scénaristes, Pascal Bonitzer et Christine Laurent, d'adapter littéralement avec une fidélité scrupuleuse, presque jésuitique, le texte de Balzac : le dialogue de cette cruelle histoire d'amour fou à contretemps entre la duchesse de Langeais retranchée dans la prison aristocratique de ses propres jeux amoureux et le général bonapartiste Armand de Montriveau, bloc fragile de désir et de détermination lancé à l'assaut d'une forteresse imprenable, est, à l'exception de quelques rares moments, intégralement prélevé du roman.

Louvoyant, comme jamais il ne l'avait fait auparavant, au plus près des écueils de l'adaptation académique et cherchant à transposer en termes cinématographiques l'écriture balzacienne dans toute sa plasticité, ses brusques ruptures et variations de rythme et d'intensité, Rivette s'amuse à éprouver la force impure du cinéma jusqu'à donner l'illusion toute théâtrale que sa mise en scène pourrait se diluer dans l'océan des mots. Mais, heureusement, il n'en est rien. Le texte résiste aux à-coups de la diction précipitée et obsessionnelle de Guillaume Depardieu, reflue sous les modulations vocales en arabesques de Jeanne Balibar, et ploie sous l'attraction masquée ou irrépressible de ces deux corps désaccordés, l'un élancé et aérien, l'autre massif et claudiquant. Le récit se comprime sous la pression des cartons et des ellipses, ou sous les coupes d'un montage qui brise trajectoires et élans comme pour marquer, à chaque changement de plan, la nécessité d'un nouvel abordage. Tout se passe comme si le film, à l'instar de ses personnages, ne cessait de courir après l'histoire qu'il raconte et à laquelle il laisse toujours quelques encablures d'avance pour tenir le spectateur à distance et surtout saisir l'implacable mouvement mécanique de l'empêchement dans l'ombre portée d'une aventure tragique et romanesque dont il ne montre que les avaries, les échouements et les sabordages. Pour aimer *Ne touchez pas à la hache*, il faut avoir le pied marin et peut-être garder sur un œil un bandeau de pirate qui nous fera découvrir qu'en compressant Balzac, Rivette a fait du Stevenson.

LES AMOURS D'ASTRÉE ET DE CÉLADON D'ÉRIC ROHMER : LA CONSTANCE DE L'AMOUR ET LE TRIOMPHE DU CINÉMA

Après *La Marquise d'O*, *Perceval le Gallois* et plus récemment *L'Anglaise et le Duc* et *Triple agent*, *Les Amours d'Astrée et de Céladon* (2007) est la cinquième adaptation « historique » d'Éric Rohmer[1] qui a choisi de prendre aux mots et en images *L'Astrée* d'Honoré d'Urfé. L'action de ce chef-d'œuvre de la littérature pastorale, il faut bien l'avouer très peu lu (5 000 pages !), se situe dans une Gaule imaginaire où, sous les mêmes frondaisons, cohabitent en union libre : christianisme, paganisme et mythologie romaine ; bergers, druides et nymphes ; adeptes du parfait amour et libertins ; théologie et érotisme. Dans ce monde à la diversité baroque, où voir n'est pas encore savoir, où la vérité nue ne s'expose que travestie, où la fidélité, si elle reste une vertu, n'est que le chemin de traverse le plus long qui conduit au désir enfin réalisé..., le cinéaste de *La*

1. *Les Amours d'Astrée et de Céladon* restera le dernier film réalisé par Éric Rohmer, décédé le 11 janvier 2010.

Collectionneuse, plus fidèle que jamais à lui-même, s'abandonne, avec une simplicité presque prosaïque, au plaisir de filmer, entre et derrière les mots d'Urfé, les frémissements à peine contenus d'une nature en liberté et les débordements jusqu'à la fin retenus de la trouble sensualité des corps.

Le film s'ouvre sur un tableau champêtre, à la manière de Poussin mais qui aurait été peint par le jeune Cézanne, sans apprêt, avec des collines et des forêts un peu trop vertes, à la lumière et aux couleurs un peu trop vives : un berger en tunique antique (Semyre, rival de Céladon) dévale une prairie d'un pas un peu trop lourd, s'engage dans un chemin qui serpente entre des arbres agités par un vent un peu trop présent et vient rejoindre une jeune fille blonde, un peu trop triste et qui se lamente avec une diction un peu trop ralentie et dans une langue du XVIIe un peu trop châtiée pour une bergère... C'est Astrée : elle boude à l'écart des chants et des danses d'une fête où Céladon qu'elle aime et qui l'aime en retour, feint, pour donner le change à ses parents hostiles à l'amour des deux jeunes gens, d'être épris d'une autre bergère. Conduite sur les lieux de la mascarade par le rival jaloux, elle cède au piège des apparences et, se croyant à tort trahie, fait jurer à Céladon de ne jamais reparaître devant ses yeux. De désespoir celui-ci se jette dans la rivière, mais échappe à la noyade : d'abord recueilli par des nymphes audacieuses, puis, alors qu'il se cache dans la forêt afin de ne pas rompre le serment fait à sa belle qui le croit mort, aidé par un druide malicieux qui l'invite à élever un temple à la gloire de la déesse Astrée, et n'hésite pas à le déguiser en femme pour l'introduire dans l'intimité insouciante de la jeune fille, au plus près de son sein..., jusqu'aux limites incertaines et délicieuses de la confusion des genres et des sexes : là où, vaincu par des apparences qui ne sont plus trompeuses, l'idéal se dérobe pour laisser triompher la vie. Triomphe de l'ambiguïté, du pouvoir d'équivoque du cinéma et d'un film qu'on regarde, écoute et respire avec ravissement.

III
AMERICA, AMERICA

INLAND EMPIRE DE DAVID LYNCH : LA PASSION DU DEDANS

Cinq ans après l'envoûtant *Mulholland Drive*, David Lynch avec *INLAND EMPIRE* (2006 – il tient aux majuscules –) propose au spectateur une expérience de cinéma radicale, vertigineuse et exténuante (près de trois heures !), aux confins intérieurs entre la fiction et le film-essai : un film habité dans lequel il est certes difficile d'entrer tant la fable est tapissée de fausses portes, traversée de couloirs, d'escaliers qui ne mènent nulle part ou ailleurs, et creusée de galeries qui ouvrent sur des mondes possibles, parallèles ou emboîtés, mais dont il est encore moins aisé de sortir tant le spectateur se sent littéralement aspiré et enfermé par les cercles de fiction que le cinéaste trace peu à peu autour de lui et à l'extérieur desquels vient toujours s'inscrire le dedans du cercle précédent. Tout se passe comme si le récit s'enroulait en spirale, dans un processus d'involution, autour d'un point aveugle et aveuglant où, entre introspection et projection, finissent par se confondre la psyché fracassée d'une actrice amoureuse et en pleine tourmente, sublimement incarnée par Laura Dern et le film lui-même qui se montre, se fait et se regarde, où, entre fondus au noir et fondus enchaînés, finissent par fusionner la réalité menaçante du monde et cet empire du dedans qu'est le cinéma : Hollywood et son usine à rêves, vers laquelle refluent comme dans un égout, pour être absorbées, toute la misère et la souffrance humaines.

Si *INLAND EMPIRE* marque une rupture, ou du moins un tournant, par rapport aux œuvres précédentes de David Lynch (*Eraserhead* compris), c'est moins parce que le cinéaste de *Twin Peaks* a filmé avec une caméra numérique basse définition et adopté un mode de tournage presque artisanal qui confère à ses images une texture plus brute, à son montage un rythme plus fébrile et à sa mise en scène les allures chaotiques d'un *home movie*; c'est moins parce qu'il y décline, recycle et démultiplie dans une sorte de *melting-pot* récapitulatif visuel, sonore et mental ses figures et thèmes privilégiés (trouble de l'identité, inquiétante étrangeté du quotidien, hantises et perversions sexuelles, plongée dans le subconscient, interpénétration de différents espace-temps, déconstruction des mythes hollywoodiens, film dans le film...) ; c'est moins parce qu'il y exhibe presque frontalement les frontières du simulacre cinématographique (projecteur, caméra, écrans, applaudissements...) sans qu'on puisse pour autant jamais tracer une ligne de partage stable entre la réalité et la fiction, que parce qu'il s'y livre à un effeuillage méthodique de son univers filmique et des obsessions qui le hantent. David Lynch renonce au vernis esthétique et aux pellicules de cellophane romanesques, souvent superposées et à la transparence toujours trompeuse, qui enrobaient et isolaient sous un glamour de surface les univers étranges et décalés de films comme *Blue Velvet* (1986), *Lost Highway* (1996) ou *Mulholland Drive* (2001) pour mettre à nu la doublure, jusque-là invisible, de son cinéma, laisser entrer le monde et se colleter avec le chaos de la matière psychique et la pulsation inquiète et parfois terrifiante des affects.

L'histoire d'*INLAND EMPIRE*, car il y en a une!, et ce même si elle résiste à la compréhension et ne peut se réduire à une seule et même trame, ne doit plus se chercher à la surface du film qui très vite ne semble convoquer qu'une succession désordonnée de situations, de lieux, d'images, de sons incongrus et improbables dont la seule logique serait celle fantasmagorique du flux de pensées, de visions et d'émotions qui traverserait le cerveau traumatisé du personnage féminin. Elle est à trouver dans la profondeur, sous les décombres de cet empire-cinéma dont David Lynch, avec la maîtrise d'un artificier, orchestre et raconte, non sans une certaine malice, l'implosion : implosion du matériau filmique qui renvoie à l'implosion du mirage hollywoodien et implosion du récit qui fait écho à l'implosion psychique du personnage.

Le détonateur de cette implosion autour duquel l'intrigue s'articule et progresse par entassements et emboîtements successifs de scénarios possibles est un des plus anciens ressorts dramatiques du monde : l'adultère ou plutôt sa tentation. Une actrice Nikki Grace

(Laura Dern) engagée dans le remake d'un film maudit perd pied avec la réalité, et le film avec elle, quand, surveillée par un mari jaloux et attirée par Devon Berk (Justin Theroux) son partenaire, elle ne sait plus si elle est Nikki, ou si elle joue Susan Blue, le personnage qu'elle interprète et qui trompe son époux avec Billy, un homme marié et joué par Devon... Peut-être aurait-il fallu commencer par là, car là commence l'art vertigineux de Lynch, un art d'illusionniste où la passion du dedans ne cache peut-être que le dedans d'une passion dont le cinéaste projette les ombres et les fantômes, pour mieux les exorciser, sur l'écran blanc de son empire intérieur avant de tirer sa révérence dans une pirouette finale en forme de clin d'œil musical.

INTO THE WILD DE SEAN PENN : AU CŒUR DU CŒUR DE L'AMÉRIQUE

Après *Indian Runner* (1991), *Crossing Guard* (1995) et *The Pledge* (2001), l'acteur et cinéaste Sean Penn reprend la caméra et réalise, avec *Into the Wild* (2007), un film à son image, inquiet, intense et sincère ; un film surtout à l'image d'une Amérique éternellement adolescente et immature, qui, pour échapper à sa réalité et ses fêlures, n'en finit pas de remonter aux sources de ses mythes fondateurs (la renaissance par la conquête d'une terre promise et le retour à un supposé état de nature) et de recycler les rêves évaporés de la *beat generation* et du courant hippie ; un film profondément américain qui cherche sa vérité non pas dans la pâte du temps qui passe, mais dans le mouvement (celui du départ, du voyage, de la fuite en avant), dans la confrontation de l'homme à l'espace, dans la tension entre le désir de liberté individuelle et celui du repli communautaire au sein d'une famille de substitution idéale ; un film d'apprentissage, aussi, pour ces fils en mal de pères qui espèrent trouver un dénouement à leur roman familial en feuilletant fébrilement les pages du grand livre de la nature et de la sagesse.

Into the Wild est inspiré d'une histoire vraie contée par le journaliste et écrivain Jon Krakauer dans son récit éponyme : celle tragique de Christopher Johnson McCandless, jeune étudiant de bonne famille qui, au début des années 1990, fraîchement diplômé de l'Université, abandonne tout, études, famille et bien-être matériel de la société de consommation, pour prendre la route et rejoindre une terre encore vierge aux confins de l'Alaska, où, après avoir vécu de longs mois dans un bus abandonné, il meurt en 1992, dénutri et empoisonné, à l'âge de 24 ans. S'ouvrant sur l'arrivée de Christopher au Magic Bus, le film se déploie en longs flash-back, ponctués par de courts retours sur la vie sauvage du jeune Robinson dans le grand Nord, et retrace en quatre chapitres (naissance, adolescence, famille et sagesse) le périple de deux ans qui a conduit Alexandre Supertramp (c'est ainsi qu'il s'est rebaptisé) de l'Est (Atlanta) à l'extrême Nord-Ouest des États-Unis : voyage entêté vers le néant d'un vagabond céleste si pressé de trouver le lieu et la formule qu'il ne voit pas ou découvre trop tard que la vraie vie n'est pas ailleurs, dans la démesure d'une communion avec une nature indomptée, mais à portée de cœur dans le contact avec ces âmes majestueuses et blessées qu'il rencontre sur sa route et dont Sean Penn filme les visages comme des paysages choisis, les silences comme des rivières tumultueuses et les émotions comme des ciels brouillés.

THE DARK KNIGHT DE CHRISTOPHER NOLAN : « LA PERFECTION SIMULTANÉE DE L'ART ET DU TRAFIC »

Difficile de résister à la puissance athlétique de *The Dark Knight* (2008), le sixième et de loin le meilleur épisode de la saga *Batman* produit par la Warner et réalisé par le jeune et très talentueux Christopher Nolan à qui l'on doit déjà, outre *Batman Begins* en 2005 (premier volet d'une trilogie en cours), des films aussi accomplis et originaux dans leur traitement narratif que *Following* (1998), *Memento* (2000), *Insomnia* (2002) et *The Prestige* (2006).

On aurait aimé entrer dans le film par un trou de souris (ou de chauve-souris) et observer à distance critique ce phénomène de l'industrie hollywoodienne bardé de records en tout genre, auréolé de circonstances funèbres (décès de Heath Ledger, prodigieux dans le rôle du Joker, juste après le tournage) et champion crépusculaire d'un cinéma américain traumatisé par le « 11 septembre », qui n'en finit pas de se demander comment ses super-héros justiciers peuvent lutter contre le Mal absolu sans perdre leur âme et la face. On aurait aimé ne pas céder à l'illusion réaliste de ce thriller urbain apocalyptique qui enchaîne les hommages (de Howard Hawks à Michael Mann) et les séquences d'anthologie comme s'il s'agissait de proposer une encyclopédie des formes cinématographiques. On aurait aimé ne pas prendre à cœur les aventures de ces personnages carnavalesques dont les corps manufacturés, couturés, cicatrisés ou défigurés ne semblent plus avoir de sang à verser. On aurait aimé regretter l'effacement des femmes sacrifiées et inadaptées dans un monde où l'altérité et l'hybris sont masculines et où seuls les hommes s'affrontent, se dédoublent, se désirent et se haïssent.

On aurait aimé..., mais *The Dark Knight* n'est pas un film qui laisse au spectateur le loisir de désirer. La satisfaction, pour ne pas dire la jouissance, y précède constamment le désir. Le récit, d'une maîtrise vertigineuse, a toujours un temps d'avance sur le spectateur et la mise en scène, spectaculaire, un hors-champ ou changement de plan en réserve. Le silence de cathédrale qui règne dans la salle de la première à la dernière minute des deux heures trente que dure le film ne trompe pas. Bouche bée, le souffle court, on assiste, un peu sonné, à la démonstration de puissance d'une « industrie expressive » qui, comme l'annonçait Louis Delluc, dès 1918, tend « à la perfection simultanée de l'art et du trafic ».

IV
TROIS FOIS LES FRÈRES COEN

NO COUNTRY FOR OLD MEN : L'IMPLACABLE CRUAUTÉ D'UN CHEF-D'ŒUVRE

Il est des films, d'une espèce rare, qui dès leurs premiers plans imposent avec une implacable cruauté leur pedigree de chef-d'œuvre et saisissent le spectateur à la gorge pour lui rappeler que s'il lui faut désespérer de l'humanité, il peut encore croire au cinéma. *No Country for Old Men* (2008) de Joel et Ethan Coen est de ceux-là. Un film presque parfait où la compétence technique (notamment le sublime travail à la photo de Roger Deakins) est à ce point miraculeuse qu'elle semble évacuer toute contingence, où chaque plan, même le plus insignifiant, est filmé comme s'il était le plus important, où chaque séquence, dans sa stupéfiante simplicité, découpée au scalpel, tendue comme un ressort (la course poursuite dans l'hôtel) ou subtilement désamorcée (la scène chez le pompiste), semble délivrer un moment d'anthologie, où chaque changement de plan ou regard hors-champ donne la sensation que le pire (c'est-à-dire le meilleur chez les deux frères) n'est pas encore arrivé..., où la noirceur humaine, brutale et sans âme, se mêle au comble de l'art.

Avec *No Country for Old Men*, leur douzième et assurément meilleur long métrage depuis *Fargo* (1996), les frères Coen adaptent pour la première fois une œuvre littéraire, le roman éponyme de Cormac McCarthy dont ils ne se contentent pas seulement de transposer magistralement en images la lettre et l'esprit, mais dont ils concentrent jusqu'à l'épure la violence et la force métaphysique : le film étant, il faut bien le reconnaître, supérieur à son modèle romanesque. Car là où la prose du grand romancier américain tisse sa trame à fleur des personnages et au fil de plus en plus tendu de leurs actions, la caméra des Coen procède par relevés de traces, de signes, de restes, par incisions temporelles de plus en plus profondes et par prélèvements spatiaux de plus en plus resserrés, comme s'il s'agissait de faire la biopsie sur le vif d'un grand corps moribond, l'Ouest américain et ses mythes, malade de la violence autodestructrice qu'il sécrète et incapable d'endosser un destin devenu trop grand pour lui.

À mi-chemin entre le western, le *road-movie*, le *thriller*, le film de terreur et même le *cartoon*, *No Country for Old Men*, s'il est une réflexion sur le mal, sur la mutation des modèles de ritualisation de la violence, sur la fin de l'épopée (dans la vie comme au cinéma), sur la dégénérescence du paysage géographique et moral de la vieille Amérique..., est aussi et peut-être avant tout un film de personnages : le portrait de trois échantillons d'humanité obtuse, le vieux shérif désabusé, nostalgique d'un monde qu'il n'a pas connu et qui n'a sans doute jamais existé (Tommy Lee Jones), le chasseur aux abois qui croit s'en sortir et bricoler sa survie en improvisant des arrangements de fortune (Josh Brolin), le tueur psychopathe, perruqué et philosophe, qui se prend pour l'ange exterminateur qu'il n'est pas (Javier Bardem) ; trois pathétiques crétins respectivement dépassés, rattrapés et téléguidés par des événements qui leur échappent, dont les frères Coen narrent le destin croisé, dans une course-poursuite ultime, entre désert et motels, entre soleil de plomb et nuit d'encre, sans jamais les réunir dans le même cadre, sans jamais ajuster leurs rapports au temps à la mécanique d'un récit, réduit à sa plus simple et brutale expression, et qui, à peine enclenché, n'avance plus que par à-coups, par ratés pour ne se refermer que sur le vide d'un paysage spectral encadré par une fenêtre qui n'ouvre sur aucune histoire.

A SERIOUS MAN : LE MONDE SELON LES FRÈRES COEN

Plus que le sens de la vie, c'est le principe d'incertitude auxquels sont soumis nos actes et leurs conséquences que mettent en récit, film après film, d'un genre à l'autre, Ethan et Joel Coen. Et *A Serious Man* (2009), comédie férocement grinçante, très librement inspirée aux deux frères par leur enfance dans le Minnesota, ne fait pas exception à la règle. Une règle « coenienne » qui veut que plus la conduite d'un homme est morale et rationnelle, plus la vie, le monde, son créateur, et par délégation nos deux cinéastes, semblent vouloir lui donner tort et, sans raison apparente, s'acharner contre lui. De là à en arriver au constat désespérant que dans le monde selon les frères Coen, seuls les imbéciles et les méchants ont raison, il n'y a qu'un pas..., un pas que ce film ne franchit pas, et on peut le regretter, car les cinéastes prennent un plaisir malin, trop malin peut-être, à ne s'intéresser qu'à leur victime.

Cette victime, l'homme sérieux du titre, Job des temps modernes, s'appelle Larry Gopnik. Cet homme sans histoire, professeur de physique consciencieux, mari fidèle, père de deux adolescents, voit s'abattre sur lui une série d'événements, a priori déconnectés, qui mettent son existence sens dessus dessous : son épouse lui annonce qu'elle veut le quitter pour une de leur connaissance ; son fils, à quelques semaines de sa Bar Mitzvah, paraît peu intéressé par les cours de l'école hébraïque qu'il fréquente ; sa fille lui vole de l'argent pour se payer un nouveau nez ; son frère, malade et irresponsable, campe dans son salon ; un étudiant coréen tente de le soudoyer pour obtenir une note de passage ; un corbeau cherche à empêcher sa titularisation dans l'université où il enseigne ; quant à la femme de son voisin, elle tourmente sa libido en prenant des bains de soleil, nue... Incapable de trouver une réponse rationnelle à ses problèmes, persuadé que tout acte a des conséquences, Larry aura beau essayer de comprendre ce que Dieu cherche à lui dire et consulter trois rabbins, jamais il ne trouvera la solution. Car comme le rappelle le merveilleux petit conte yiddish qui sert de prologue au film, il est impossible, dans le cinéma des frères Coen, d'approcher la vérité.

La seule chose dont le spectateur peut être sûr, c'est que réglé comme du papier à musique, suspendu comme une épée de Damoclès à chaque cadre qui enferme le personnage dans son impuissance, tendu comme un ressort prêt à se relâcher à chaque changement de plan, le pire est toujours à venir. Faut-il s'en contenter ? Oui. À condition de ne pas prendre le rire cruel d'Ethan et Joel Coen trop au sérieux et de suivre le conseil de Rachi, mis en épigraphe du film : « Accueille avec simplicité ce qui vient. »

TRUE GRIT : DANS LA LÉGENDE DU CINÉMA…

Voilà plus de vingt-cinq ans – *Sang pour sang*, le premier des dix-sept films qu'ils ont réalisés à ce jour, date de 1984 ! –, que Joël et Ethan Coen explorent la cartographie profonde de l'Amérique et revisitent ou dynamitent les mythes et les genres du cinéma hollywoodien. Plus de vingt-cinq ans que les deux frères surdoués, éternels premiers d'une classe qu'ils dominent de la tête et des épaules, remettent, film après film, une copie impeccable alliant humour et intelligence, perfection technique et maîtrise de la mise en scène, et donnant chaque fois au spectateur la stupéfiante sensation de se retrouver instantanément face à un classique du septième art ; et ce avant même que la patine du temps ait pu produire son travail de polissage, comme si le rayonnement de leurs films s'exerçait de manière immédiate au point de suspendre tout jugement critique. Plus de vingt-cinq ans qu'ils parviennent à surprendre leur public et régalent ses attentes cinéphiles par la diversité jubilatoire, la cruauté et la santé insolentes de leur cinéma – combien de cinéastes vivants ou morts peuvent se targuer de présenter une filmographie aussi homogène et vigoureuse, sans aucun film malade ou souffreteux ? Plus de vingt-cinq ans qu'ils racontent des histoires pleines de bruit et de fureur où des personnages plus obtus que de raison improvisent et se bricolent des arrangements de fortune avec un destin trop grand pour eux. Plus de vingt-cinq ans qu'ils semblent vouloir évacuer toute contingence de leur art et faire de chaque scène, chaque plan, chaque changement de plan, un moment de pur cinéma. Et *True Grit* (2010) n'échappe pas à cette règle d'or. Mieux, il semble confirmer que décidément les frères Coen ne jouent plus dans la même cour que leurs collègues, qu'ils chevauchent désormais ailleurs, la bride entre les dents, sous le ciel étoilé du septième art, aux côtés de John Ford et de sa *Prisonnière du désert*, aux côtés de Charles Laughton et de sa *Nuit du chasseur*…

Car c'est bien entre la grande tradition du western et celle du conte dont l'héroïne est une enfant, entre le récit d'une vengeance et le récit initiatique que se situe *True Grit*. Loin d'être un remake du western poussif réalisé par Henry Hathaway, en 1969, avec John Wayne (sorti en France sous le titre *Cent dollars pour un shérif*), le film de Joel et Ethan Coen propose une adaptation nouvelle, et ô combien plus fidèle, du merveilleux roman éponyme de Charles Portis publié en 1968. L'histoire : une fillette de quatorze ans qui quitte sa maison en plein hiver pour aller venger la mort de son père et s'aventure, flanquée d'un marshal et d'un ranger, jusqu'en territoire indien où le meurtrier a rejoint une bande de hors-la-loi. Les personnages : Mattie (magnifique Hailee Steinfeld), une gamine aux tresses épaisses, au regard profond et innocent, et à la volonté de fer ; Rooster Cogburn (impressionnant Jeff Bridges), un marshal, borgne et alcoolique, devenu chasseur de prime que la jeune justicière a engagé et convaincu de partir avec elle sur les traces du meurtrier de son père ; et le dénommé LaBœuf (surprenant Matt Damon), un Texas ranger, un peu benêt et prétentieux, qui lui aussi veut capturer l'assassin et toucher la récompense... Autour de ce trio haut en couleur de personnages mal assortis qui, entre violence et humour, se jaugent, s'affrontent et se révèlent, et au rythme paresseux et chaotique de leur poursuite impitoyable au cours de laquelle la quête finira par perdre son sens originel et devenir parcours initiatique, les frères Coen ressuscitent les codes et l'imagerie du western : les villes poussiéreuses, les pendaisons exemplaires, les cow-boys aux mines patibulaires, les colts et les chevaux, les traversées de rivière, les chevauchées à travers les plaines et les forêts, les discussions nocturnes autour des flammes d'un bivouac, les embuscades... Ils jouent avec bonheur et une simplicité presque déconcertante du contraste entre la violence des hommes et la sérénité des paysages, entre la détermination candide de l'héroïne et l'immaturité régressive et truculente de ses compagnons de traque, entre la crudité de la lumière du jour et le mystère de la nuit. Ils accompagnent leurs personnages jusque dans leurs excès, forçant parfois un peu le trait, mais en laissant toujours pointer derrière leur brutalité ou entêtement, leur part de rêve et d'humanité. Et quand l'aventure touche à sa fin, quand chacun se retrouve face à son destin, la fillette face au meurtrier de son père, le ranger face à une cible située à quatre cents mètres et le marshal face à une dernière charge au colt à six coups et à une ultime chevauchée héroïque, les deux frères savent abandonner l'âpre et cruel réalisme du western, et, dans la nuit étoilée, laisser le spectateur toucher du doigt les peurs et les rêves enfouis de son enfance. Les rêves d'un cinéma dont Joel et Ethan Coen perpétuent la légende.

V
« L'ÉTHIQUE ET L'ESTHÉTIQUE SONT UN »[1]

HUNGER DE STEVE MCQUEEN : AUTOPSIE D'UNE PASSION IRLANDAISE

Avec *Hunger* (2008), son premier film, l'artiste plasticien Steve McQueen réalise une œuvre brute et radicale. Le spectateur en ressort groggy, un genou à terre, ne sachant plus vraiment s'il doit se relever de l'horreur de l'Histoire ou s'agenouiller devant le miracle de l'Art. Car c'est bien sur ce terrain éminemment incertain où la représentation artistique s'affronte à l'abjection politique que Steve McQueen a choisi de mener son combat cinématographique. Un combat sans merci, où tous les coups sont permis, qu'ils soient portés au cœur ou aux tripes d'un spectateur coincé contre les cordes, ballotté entre fascination et révolte, contraint de partager la douleur asservie des bourreaux et le calvaire insoumis des victimes.

Le sujet du film, une page tragique de l'histoire de l'Irlande du Nord : le martyr des Républicains de l'IRA dans la prison de Maze, à Belfast, en 1981, qui, pour protester contre le refus du gouvernement britannique de Margaret Thatcher de leur accorder le statut de prisonniers politiques, font la grève de la couverture, puis de la propreté, avant d'entamer, à tour de rôle, une grève de la faim, initiée par leur leader charismatique Bobby Sands qui en meurt soixante-cinq jours plus tard – neuf autres membres de l'IRA connaîtront le même destin.

1. Ludwig Wittgenstein, *Tractatus logico-philosophicus*, Paris, Gallimard, Tel, 1961, p. 103.

Sa matière, le corps comme objet de répression et instrument de résistance : la sourde souffrance des corps confrontés à un état d'exception et qui n'ont plus que leur nudité, leur chair, leurs os, leurs organes, leurs sécrétions et enfin leur dématérialisation à opposer à la violence institutionnalisée d'un pouvoir démocratique.

Sa forme, un triptyque : l'autopsie d'une Passion irlandaise qui se déploie en trois stations. Trois dispositifs filmiques de confrontation : confrontation sensorielle (le corps à corps animal avec la matérialité et la violence de l'univers carcéral), confrontation verbale (le face à face entre Bobby Sands qui défend le droit de mourir pour une cause et le prêtre qui en appelle au devoir de vivre) et confrontation métaphysique (la lente agonie de Bobby Sands se résolvant dans un mouvement d'élévation qui voit l'esprit se libérer d'un corps sacrifié et consumé). Trois tonalités plastiques : le brun de la régression excrémentielle, le contre-jour de la dispute philosophique, le bleu immatériel du monde de l'esprit.

L'enjeu de *Hunger* : un film qui *politise* l'art en revendiquant le corps de l'Homme comme ultime rempart contre l'inhumanité ? Ou un film qui *esthétise* le politique en faisant vivre au spectateur la dégradation et la destruction de l'humain « comme une sensation esthétique de tout premier ordre » (Walter Benjamin) ? En tout cas une expérience cinématographique viscéralement dérangeante…

LE RUBAN BLANC DE MICHAEL HANEKE : DU CINÉMA COMME ART POSTAL

Il en va du *Ruban blanc* (2009), le dixième long métrage du cinéaste autrichien Michael Haneke, comme de bon nombre de films palmés : ses ailes de géant l'empêchent de voler. Elles ont beau se déployer majestueusement, en noir et blanc, sous le ciel bas et lourd du Nord de l'Allemagne et projeter sur un village de la Prusse protestante, à la veille de la Grande Guerre, l'ombre portée de toutes les horreurs à venir, elles finissent par peser comme un couvercle de plomb sur l'esprit gémissant d'un spectateur en proie aux longs ennuis.

Car s'il se pare de mystère et d'énigmes inexpliquées ou confinées dans le hors-champ, *Le Ruban blanc* ne parvient pas à masquer les intentions démonstratives du cinéaste et le regard despotique qu'il pose sur ses créatures. À force d'étaler au grand jour des âmes boiteuses plus tristes que les nuits, de scruter les visages, d'enfants ou d'adultes, jusqu'à leur faire rendre leur part maudite et de souffler, avec une délectation opiniâtre, le mal partout où il peut se nicher, le film finit par ressembler à ce qu'il pense, en bonne conscience, dénoncer. Question de mimétisme, certes. « Un film rigoureux sur les dangers de la rigueur » se défend Haneke. Affaire de morale, peut-être. Un problème de juste distance, sans doute. À vouloir filmer la monstruosité dans le miroir rétrospectif de l'Histoire, le cinéaste, croyant prendre du recul, ne risque-t-il pas de tomber dans ses bras ?

Comme bien des films sûrs de leur message et tendant à confondre le cinéma avec un art postal, *Le Ruban blanc* est livré sans aucun débordement, parfaitement empaqueté au carré, sous une enveloppe austère, mais stylisée, qui non seulement enferme les personnages dans un destin sur mesure, mais condamne le spectateur à baisser le front pour ne pas se cogner la tête à des plafonds trop bas. Car c'est manquer singulièrement de hauteur de vue et de conscience politique que de laisser accroire, comme le fait Michael Haneke, que la rigueur morale et les frustrations dans lesquelles ont été éduqués les jeunes Allemands peut expliquer la naissance du nazisme et que les horreurs perpétrées par les fils trouvent leur origine dans la seule faute des pères.

L'ANTICHRIST DE LARS VON TRIER : CONTRE, TOUT CONTRE LE SPECTATEUR

Depuis *Element of Crime* (1984), son premier long métrage qui, il y a vingt-cinq ans déjà, ouvrait sa trilogie sur l'Europe (*Epidemic*, *Europa*), jusqu'à sa trilogie américaine en cours (*Dogville*, *Manderlay*, et bientôt, peut-être, *Washington*), en passant par la trilogie intitulée « Cœur d'or » (*Breaking the Waves*, *Les Idiots*, *Dancer in the Dark*), sans oublier la terrifiante série télévisée *L'Hôpital et ses fantômes*, Lars von Trier a toujours ourdi son œuvre, à l'avant du front cinématographique, contre, tout contre un spectateur mis sous hypnose et/ou sous torture, manipulé émotionnellement, moralement, esthétiquement. Il a toujours commis des films, souvent habiles, parfois fascinants, presque parfaits, comme d'autres perpètrent des crimes, par provocation, par dépression, par amour, par haine de soi et de l'autre, comme si la cruauté était le seul exutoire à la pratique d'un art utilisé comme machine diabolique et expiatoire.

Avec *Antichrist* (2009), le sulfureux cinéaste danois franchit un pas supplémentaire dans la violence infligée au spectateur, le pas de trop, peut-être. Car c'est un pas de côté qu'on a envie d'esquisser devant ce conte cruel, à la brutalité grandiloquente : soufflé bergmano-tarkovskien pour adultes immatures, monté à la levure gore et servi avec une belle photographie et un couple d'acteurs courageusement convaincant (Charlotte Gainsbourg et Willem Dafoe). Et si l'on se surprend à préférer lever les yeux au ciel et observer la toile d'araignée qui pend, indifférente, de l'écran, c'est moins par écœurement devant le spectacle proposé (sexe d'homme écrasé par une bûche, éjaculation de sang, auto-excision clitoridienne aux ciseaux...) ou peur de respirer le souffre idéologiquement douteux généreusement répandu par un cinéaste malin, que parce que, par respect des autres et de soi, il est des souffrances même cinématographiques qu'on ne souhaite pas partager ; des rôles de victimes qu'on ne consent pas à endosser, même le temps d'un film ; des actes de tortures dont on ne veut pas être le complice, même passif ; et des faiblesses cruelles, même d'artistes, qu'on ne doit pas accepter. Comme l'écrivait Robert Musil[2] : « [...] les excès odieux de cette cruauté maladive que l'on désigne couramment sous le nom de sadisme ne montrent que trop souvent, dans le rôle des victimes, que des imbéciles. Cela vient évidemment de ce qu'ils sont pour les cruels des proies plus faciles ; mais semble également lié au fait que l'incapacité à résister qui émane de toute leur personne excite l'imagination comme l'odeur du sang le fauve, et l'entraîne dans une sorte de désert où la cruauté *va trop loin* du seul fait, ou peu s'en faut, qu'elle ne se heurte nulle part à des limites. Il y a là un trait de souffrance dans celui qui inflige la souffrance, une faiblesse insérée dans sa brutalité ; et, bien que l'indignation privilégiée de la compas-

2. Robert Musil, « De la bêtise », dans *Essais*, Paris, Seuil, p. 300.

sion empêche généralement de le voir, il faut à la cruauté, comme à l'amour, deux partenaires qui se conviennent ! » Et dans une humanité aussi tourmentée que l'actuelle par sa « lâche cruauté envers les faibles », il convient de choisir ses partenaires, même de cinéma.

CHAPITRE 4
PORTRAITS EN ŒUVRE : PARCOURS DE CINÉASTES

« On ne fait vraiment l'éloge d'un artiste que lorsqu'on parle assez de son œuvre pour oublier de louer sa personne. »
(Gotthold Ephraim Lessing, *Emilia Galotti*)

I
TREMBLEMENT DU TEMPS : JOHN FORD OU L'AUTOMNE D'UN CINÉASTE

> Ce tableau rappelle quelque chose de l'âge délaissé et de la main du vieillard : admirable tremblement du temps ! Souvent les hommes de génie ont annoncé leur fin par des chefs-d'œuvre : c'est leur âme qui s'envole.[1]

Quand il signe, en 1965, *7 Women*, son cent douzième long métrage, John Ford est un vieil homme de 70 ans à la santé vacillante. Quelques mois auparavant, malade, il avait dû abandonner après deux jours de tournage, la réalisation de *Young Cassidy* (1965) et céder sa place à Jack Cardiff. S'il ne savait pas que ce serait son dernier film – il avait d'autres projets qui n'ont jamais pu voir le jour[2] –, il avait pleinement conscience que le temps lui était compté. Dès 1959, à son retour de Corée, il déclarait : « [...] je n'ai plus de temps à perdre, je dois tourner les films qui me plaisent. Je suis trop vieux, à soixante-quatre ans, pour me permettre autre chose.» [3] Et dix ans plus tard, en 1969, évoquant les derniers moments de sa rencontre à Paris avec le cinéaste qui semblait condamné à une retraite forcée, Bertrand Tavernier raconte : « [...] il commence à se faire tard. Ford n'est pas si jeune, il est fatigué, on l'accompagne dans sa chambre. Je reste dans le salon. Sa bonne humeur est tombée. Je

1. François René de Chateaubriand, *Vie de Rancé*, dans *Œuvres romanesques et voyages*, tome I, Paris, Gallimard, « Bibliothèque de la Pléiade », 1969, p. 1063.
2. De 1966 à 1973, malgré de nombreux projets, John Ford n'a tourné qu'un documentaire pour la télévision de 28 minutes, sur le lieutenant-général Lewis « Chesty » Puller, *Chesty* (1969-1970) et n'a supervisé qu'un documentaire de 58 minutes sur la guerre du Vietnam, *Vietnam ! Vietnam !* (1972).
3. Propos tenus au correspondant de *Film Quaterly*, cités par Louis Marcorelles, *Cahiers du cinéma*, n° 101, novembre 1959.

l'entends qui répète comme un animal blessé : C'est fini. On ne me fera plus tourner de films. »[4]

L'URGENCE DE LA FIN

Comme le capitaine Nathan Brittles (John Wayne) dans *She Wore a Yellow Ribbon* ou le juge Frank Skeffington (Spencer Tracy) dans *The Last Hurrah*, John Ford, même après une des carrières les plus longues (plus d'un demi siècle) et les plus monumentales (132 films crédités dont vingt courts métrages) de toute l'histoire du cinéma passée et à venir, ne pouvait envisager l'idée de la retraite ; et en même temps il eut très tôt la conviction amère de vivre la fin de quelque chose, d'appartenir à un monde déjà révolu, d'être déraciné et en sursis à Hollywood et en Amérique. À partir de 1955 (point le plus bas de la carrière du cinéaste) et notamment de l'expérience désastreuse de *Mister Roberts* (film raté, coréalisé avec Mervyn Le Roy et Joshua Logan, qui mettra un terme définitif à sa collaboration avec Henry Fonda), le doute, et avec lui la mélancolie et la gravité tragique, s'insinue dans l'œuvre de Ford et tend à la baigner d'une lumière de plus en plus crépusculaire. S'ouvre dès lors, avec ce chef-d'œuvre absolu qu'est *The Searchers* (le cent unième long métrage !), ce qu'on a appelé l'automne du cinéaste : une décennie prodigieuse au cours de laquelle, – en douze films (*The Searchers* en 1956 ; *The Rising Moon* et *The Wings of Eagles* en 1957 ; *Gideon's Day* et *The Last Hurrah* en 1958 ; *The Horse Soldiers* en 1959 ; *Sergeant Rutledge* en 1960 ; *Two Rode Together* en 1961 ; *The Man Who Shot Liberty Valance* en 1962 ; *Donovan's Reef* en 1963 ; *Cheyenne Autumn* en 1964) et un épisode de *How The West Was Won* (*The Civil War*, 1962) –, John Ford, parvenu à cette heure tardive de la vie où l'urgence se manifeste dans l'affirmation du bon plaisir (« tourner les films qui me plaisent ») et dans le besoin d'aller au paroxysme de soi-même, achève de faire craquer entre ses mains de

4. Bertrand Tavernier, *Mes amis américains*, Éditions Institut Lumière/Actes Sud, 1993, p. 69.

cinéaste les règles et les barrières d'un art qui a cessé de lui offrir toute résistance.

La plupart des films mis en scène et souvent produits tout au long de cette période automnale reflètent le souci qu'avait Ford de faire un retour sur lui-même et de revisiter à la lueur sombre et parfois nostalgique de son génie vieillissant, les thèmes, les paysages et les genres qui constituent son patrimoine cinématographique : le racisme (*The Searchers, Sergent Rutledge, Two Rode Together*), la démocratie américaine (*The Last Hurrah*), l'armée et la guerre (*The Horse Soldiers, The Civil War, Cheyenne Autumn*), la marine (*Wings of Eagles*), Monument Valley (*The Searchers, Sergent Rutledge, Cheyenne Autumn*), l'Irlande (*The Rising Moon, Donovan's Reef*) ; le western (*The Man Who Shot Liberty Valance*). Avec *7 Women*, John Ford va plus loin ; il s'exile symboliquement en Chine, s'enferme dans une mission, et, en tête à tête avec sept (puis huit) femmes et surtout avec lui-même, il réalise une œuvre singulière et personnelle qu'il n'a jamais cessé de citer parmi ses œuvres préférées, et ce même si l'échec public et critique du film lui ferma définitivement les portes des studios : « La production ne l'a pas aimé. Pas de vedettes. Pourtant Anne Bancroft et Margaret Leighton sont de grandes actrices. Je pense d'ailleurs que c'est une de mes meilleures mises en scène, mais le public ne l'a pas aimé. Ce n'était pas ce qu'il voulait. »[5]

Que le cinéaste de la force et des sentiments virils, auteur de deux films sans femmes (*Men Without Women* en 1930 et *The Lost Patrol* en 1934) finisse sa carrière sur un film sans hommes ou presque, centré sur des femmes et où les deux comparses mâles, un faible (Charles Pether) et un barbare (Tunga Kahn), incarnent deux formes extrêmes de la virilité (la virilité défaillante et la virilité en excès) ; que le cinéaste de l'Amérique et de ses grands espaces qui s'est fait le chantre de la nation américaine, de son histoire et de ses valeurs tourne son dernier opus dans un décor fermé reconstruit en studio et situé en 1935, dans une mission évangélique aux confins

5. Propos recueillis le 14 mars 1966 par Axel Madsen et parus dans les *Cahiers du cinéma*, n° 183, octobre 1966.

exotiques de la Chine et de la Mongolie ; que le cinéaste du film de genre et tout particulièrement du western, passé maître dans l'art de faire alterner les moments de tensions et de détente, d'humour et de drame, termine son itinéraire cinématographique par un film en huis clos, presque sans action, au rythme tendu, resserré autour des frustrations d'un groupe de femmes hystériques ou impuissantes ; que le cinéaste catholique irlandais conclue sa filmographie sur un film presque athé qui dénonce l'insuffisance de la religion (*God isn't enough* – Dieu ne suffit pas –, avoue la directrice de la mission dans la sublime scène de l'arbre), exalte la foi laïque du médecin en la personne du docteur Cartwright et sonde la sexualité féminine dans ses émois les plus troubles, ses désirs les plus refoulés et ses pulsions les plus violentes... : tout cela avait de quoi surprendre et déconcerter même certains des admirateurs les plus fervents du cinéaste qui ont cru être confrontés à un Ford nouveau, presque étranger à la mythologie fordienne et qui n'ont pas vu qu'avec cette dernière pierre ajoutée à une œuvre monumentale, le maître du western s'aventurait, en éclaireur, au bout de lui-même et de son cinéma.

7 WOMEN : UN FILM TESTAMENT

7 Women tisse avec les films antérieurs de Ford des liens profonds et complexes qui à la fois le rattachent à l'univers du cinéaste et en repoussent encore les limites.

Se reforme une dernière fois la petite communauté en péril, placée dans une situation de confinement spatial (le désert dans *The Lost Patrol* et *The Three Godfathers*, la diligence dans *Stagecoach*, l'océan dans *Submarine Patrol* et *The Long Voyage Home*, le fort des frontières indiennes dans *Drums Along The Mohawks* et *Fort Apache*, le convoi mormon dans *Wagonmaster*) ; mais plus aucun salut ne vient de l'extérieur, car la mission, humanité enlisée, est surtout menacée de l'intérieur et au-delà de ses remparts le monde n'existe plus et ne peut plus être d'aucun secours.

Renaît le conflit entre passé et présent, entre vieillesse et jeunesse (*She Wore a Yellow Ribbon, The Last Hurrah*) ; mais cette fois, à travers l'opposition entre la mentalité religieuse des missionnaires et la pensée moderne du docteur Cartwright, John Ford renonce à se replier sur la tradition et prend parti pour une idéologie progressiste incarnée par la figure, à la fois athée et christique, de la femme médecin qui sauve des vies en sacrifiant la sienne et réalise l'idéal chrétien dans une morale laïque de l'action et de la mission à accomplir.

Ressurgit la dialectique entre l'ordre et le chaos, entre la loi et la violence (*The Man Who Shot Liberty Valance, The Searchers*) ; mais les conquêtes de la civilisation ne sont plus garanties par la loi, car c'est l'attitude répressive de la directrice de la mission – et la loi religieuse qu'elle représente – qui libère les forces du chaos : la loi et la barbarie sont renvoyées dos à dos.

Reparaît la figure de l'enfant qui naît (*Stagecoach, Three Godfathers*), la mise en parallèle entre la naissance et la mort (*Pilgrimage, Doctor Bull, Fort Apache, How Green Was My Valley, The Long Gray Line*), le thème de l'éducation (la classe d'enfants comme dans *Cheyenne Autumn, Donovan's Reef*) ; mais la naissance n'est plus ce qui garantit la survie et le devenir du groupe, elle précipite au contraire la dispersion de la mission; quant à l'enfant, – même si avec Emma Clark il semble recueillir l'héritage du docteur Cartwright qui les a mis au monde l'un et l'autre –, il est celui qu'on conçoit et dont on accouche en contrebande, comme si la vie ne pouvait plus être donnée, continuée qu'en marge ou contre la volonté d'une communauté qui se reproduit mal car elle refoule le plaisir.

S'esquisse une nouvelle fois la relation entre sexualité et racisme, entre sexualité et mort (*The Searchers, Sergent Rutledge, Two Rode Together*) ; mais ici l'acte sexuel est l'enjeu même du sacrifice, il représente le défi suprême, révoltant et absurde, par lequel renoncer à soi revient à s'anéantir dans l'altérité radicale et monstrueuse de l'autre.

Règne toujours le climat crépusculaire et funèbre qui imprègne les dernières œuvres (*Two Rode Together, The Man Who Shot Liberty Valance, The Civil War, Cheyenne Automn*) ; mais la nostalgie a disparu et avec elle la réflexion sur la vieillesse, la référence à l'âge héroïque des pionniers et la présence des figures secondaires, familières et pittoresques.

Revient enfin le héros de la dernière décennie, solitaire et célibataire, rude et tendre, fort et secrètement blessé, désabusé et fatigué, comme habité par la fascination de l'échec et l'attente de la mort (Nathan Edwards dans *The Searchers*, Guthrie McCabe dans *Two Rode Together* et surtout Tom Doniphon dans *The Man Who Shot Liberty Valance*) ; mais le prix qu'il a à payer pour sa révolte et son courage est infiniment plus lourd, car plus que sa vie, c'est sa féminité même (symbolisée par l'étincelant kimono sang et or qu'elle porte dans la scène finale), que le docteur Cartwright (Anne Bancroft) dépose sur l'autel de son sacrifice.

LA MORT N'EST PAS UNE FIN

Si *7 Women* concentre le génie cinématographique de Ford, c'est aussi dans l'intransigeance autocratique avec laquelle le cinéaste, fuyant les facilités du film de genre et réduisant son art à sa plus simple mais plus parfaite expression, porte jusqu'à son point d'incandescence l'essence tragique de son cinéma et s'installe, presque avec négligence et sans façons, aux frontières de l'évidence et du sublime, là où le style classique de l'artiste s'intensifie jusqu'à l'épure, où le pessimisme du vieil homme culmine dans une foi amère mais rationnelle en la vie et en l'être humain, où l'éthique et l'esthétique sont un.

Comme beaucoup d'œuvres ultimes de grands cinéastes (on pense notamment à *The Saga of Anathan* de Sternberg, à *Satan Never Sleeps* de McCarey, à *Gertrud* de Dreyer, à *The Countess from Hong Kong* de Chaplin, à *Sleuth* de Mankiewiecz...), *7 Women* surprend par la concentration voire l'abstraction du dispositif scénographique autour duquel se construit et se met à nu la mise en scène. Tout se passe comme si, au terme de son œuvre, John Ford désirait ramener les conflits à l'essentiel, filmer à hauteur de femmes, à une distance rapprochée mais respectueuse, et éliminer tout ce qui pouvait s'interposer entre sa caméra et ses personnages, et ce notamment par un parti pris d'éclairage qui tend à dissoudre dans l'ombre l'espace ouvert par le format panavision[6] autour et derrière les corps, les visages et les âmes.

6. John Ford n'avait auparavant utilisé que très rarement l'écran large : d'abord en 1955 avec *The Long Gray Line* et *Misters Roberts* où il avait recours pour la première fois et sans grande réussite au cinémascope ; puis avec *The Civil War*

À l'exception de neuf plans filmés en paysage naturel, le film est tourné en studio et fait l'économie de l'espace-ambiance extérieur. Il a pour scène unique le lieu clos d'une mission évangélique laïque américaine : décor artificiel et qui s'affiche comme tel, avec ses pièces exiguës, plongées dans la pénombre ; avec sa cour intérieure, son arbre et ses torches qui flamboient la nuit, derrière les personnages, dans l'obscurité de l'arrière-plan ; avec son mur d'enceinte qui ne laisse entrevoir que des bouts de ciel peints ; avec sa double porte qui s'ouvre et se referme, au rythme des entrées et des sorties de scène, sur un paysage abstrait et désolé, coulisses fantôme d'un dehors absent et oppressant.

Dès le septième plan, quand la porte s'ouvre devant la voiture d'Agatha Andrews, la directrice, la caméra de Ford pénètre dans cette enclave hors du monde et du temps pour ne plus s'en éloigner : elle verra partir à la recherche du médecin puis revenir les mains vides Charles Pether, le seul homme de la mission ; elle observera, à une distance respectueuse, l'entrée en scène inattendue du docteur Cartwright sur son cheval ; elle suivra l'arrivée solennelle des missionnaires anglaises (Miss Binns et Jane Argent), de Miss Ling et des réfugiés de Kum cha ; elle laissera repartir Charles Pether qui ne reviendra pas ; elle assistera à l'entrée triomphale de Tunga Kahn et de ses cavaliers ; elle regardera enfin s'éloigner, sous les rires des bandits, les sept femmes (Agatha Andrews, Emma Clark, Florrie Pether, Miss Russel, Miss Binns, Jane Argent et Miss Ling) et le nouveau-né, dans la charrette qui les ramène à la vie, et ce pour accompagner jusqu'au bout de la nuit et de son destin de sacrifiée, le docteur Cartwright.

Durant les quelques jours au cours desquels se déroule l'action du film et qui conduiront à la naissance d'un enfant, à la dispersion de la mission et au suicide final, John Ford réunit sur une même scène, pour une dernière représentation, ce qu'on pourrait appeler un condensé de son humanité. Il semble entretenir avec chacun des êtres qu'il met

(1962) et *Cheyenne Autumn* (1964) tournés respectivement en cinérama et en panavision 70 mm et dont l'atmosphère nocturne rappelle celle de *7 Women*.

au premier plan un rapport d'identification fort comme s'il avait mis un peu de lui-même dans tous ses personnages : – dans le docteur Cartwright qui vit et meurt pour ses idées et qui, avec une sorte de détachement auto-ironique (souligné par le moment où elle trinque à son image et à sa mort devant un miroir), va jusqu'au bout de son destin de femme libre (en détruisant par son attitude les conventions répressives d'une communauté qui la rejette) et au bout de sa vocation de médecin (en enrayant l'épidémie, sauvant le nouveau-né et neutralisant par le poison la violence barbare) ; – dans Emma Clark, la jeune fille qui entre dans la vie à la naissance de l'enfant et porte avec lui le fragile espoir d'un futur possible ; – dans Miss Binns la vieille anglaise digne et sans illusions qui sait qu'elle ne connaîtra jamais sa patrie ; – dans Miss Andrews, ridicule et touchante dans sa rigidité et ses désirs refoulés, qui, faute de croire en la vie, vacille dans sa foi et perd le pouvoir et la raison ; – dans Miss Argent, la servante dévouée, qui finit par se révolter contre l'autorité de la directrice en lui intimant l'ordre de se taire ; – dans Florrie Pether, l'épouse hystérique et enceinte, qui, après des années de mariage stérile, veut à tout prix un fils parce que « *c'est à son tour d'en avoir un* » ; – dans Miss Russel qui est devenue missionnaire parce que son mari buvait et qui éprouve un plaisir malsain à regarder les massacres perpétrés par les barbares ; – dans Miss Ling, l'étrangère silencieuse (alter ego soumise du docteur Cartwright), descendante de princes chinois, qui devient l'esclave des Mongols ; – dans Charles Pether, l'instituteur, lâche tant qu'il se prend pour un pasteur, et qui, au contact du danger et du docteur Cartwright, finit par apprendre à se comporter en homme avant de *racheter* sa vie (et peut-être celle de son enfant à naître), hors-champ, par un geste héroïque et suicidaire ; – et même dans Tunga Kahn, le chef de guerre qui en se détachant peu à peu de sa horde semble s'humaniser et qui en mourra, peut-être pour avoir cru pouvoir donner du plaisir et séparer le sexe de la violence.

Tout se passe comme si John Ford cherchait moins à raconter une histoire ou même à brosser une galerie de portraits de femmes qu'à fixer dans leur nudité et leur démesure des échantillons humains, fragments à vif du miroir brisé où se reflète sa personnalité. Jamais le cinéaste n'est allé aussi loin dans l'introspection et jamais cependant il ne s'est autant éloigné de son univers de prédilection (l'Amérique, son histoire et ses héros masculins). Jamais il ne s'était approché aussi près de ses personnages et jamais pourtant il n'a semblé si pressé d'en finir avec eux et de les réexpédier vivants (pour la plupart), entassés dans une charrette tirée par un bœuf, vers d'autres cieux plus civilisés.

Comme en témoignent sa courte durée (86 minutes à côté des 122 minutes de *The Man Who Shot Liberty Valence* ou des 159 minutes de *Cheyenne Autumn*), son montage relativement rapide (485 plans ne dépassant que très rarement les dix secondes) et sa structure tendue qui se réduit à la succession chronologique et linéaire des événements et renonce aux pauses humoristiques et aux transitions explicatives, pour procéder, au fil du récit, de plus en plus par ellipses[7] et par simple juxtaposition de scènes, *7 Women* est un film qui court vers sa fin ou plutôt vers ses deux fins : celle narrative et *extérieure* qui dénoue le drame, où l'on reste du côté de la vie avec la troupe de survivants (sept femmes et un nouveau-né de sexe masculin) qui s'éloigne, tandis que la porte de la mission se referme comme un tombeau sur le docteur Cartwright qui disparaît suivie par son ombre ; et celle autoréflexive et intime, où dans un dernier plan sublime qui porte le poids et le deuil de tous ses films antérieurs, le cinéaste choisit, par un travelling arrière, de se retirer sur la pointe des pieds et, avant que la mort n'advienne, de noyer l'écran dans l'obscurité : une obscurité que viendra raturer en fin de travelling, comme une signature ou une cicatrice lumineuse sur le bord inférieur droit du cadre, la manche scintillante du bras de Tunga Kahn surgie des ténèbres du hors-champ.

Tout Ford est concentré dans ce final exceptionnel, dans ce retrait de génie qui réaffirme avec une force inouïe que le cinéma est un art de vivre, que savoir vivre c'est respecter les morts, que la mort n'est pas une fin et qu'il est difficile de faire la part chez l'homme de l'ombre et de la lumière.

7. Cf. la manière elliptique dont Ford suggère, dans la dernière partie du film, l'évolution des relations entre Tunga Kahn et le docteur Cartwright depuis l'acceptation du pacte jusqu'à la scène finale.

II
EN PREMIÈRE LIGNE : SAMUEL FULLER OU LE CINÉMA COMME CHAMP DE BATAILLE

La participation à la seconde guerre mondiale a été décisive et fondatrice dans la vie et l'œuvre de Samuel Fuller. Quand il fut mobilisé en 1942, il avait déjà trente ans, avait été journaliste, publié trois romans[1] à son nom, venait d'en terminer un quatrième[2], et avait été crédité comme auteur de l'argument original ou scénariste au générique de sept films[3]. La guerre était pour lui une nouvelle aventure, l'occasion de se retrouver dans le vif d'une actualité brûlante : « Cela m'excitait. Je voulais m'impliquer dans cette histoire. Pour moi c'était du journalisme. »[4] Enrôlé dans la Première division d'infanterie de l'armée américaine, appelée depuis 1775 *The Big Red One*, il a pris part au débarquement en Afrique du Nord, en Sicile, en Normandie et combattu sur les fronts de Belgique, d'Allemagne et de Tchécoslovaquie. Il fut blessé à deux reprises, décoré de la Purple Heart, et sortit de l'armée avec le grade de caporal, la tête pleine de la violence et de la folie des hommes... et un film 16 mm, – le premier film de guerre du futur cinéaste ? –, tourné à chaud, sur les ordres de son capitaine[5], dans le camp d'extermina-

1. *Burn, Baby Burn* (1935), *Test Tube Baby* (1936), *Make up and Kiss* (1938).
2. *The Dark Page* (1944)
3. *Hats off* de Boris Petroff (1937), *It Happened in Hollywood* de Harry Lachman (1937), *Gangs of New York* (1938), *Adventure in Sahara* de Ross Lederman (1938), *Federal Manhunt* de Nick Grinde (1938), *Bowery Boy* de William Morgan (1940), *Confirm or Deny* d'Archy Mayo (1941).
4. Samuel Fuller, Jean Narboni, Noël Simsolo, *Il était une fois SAMUEL FULLER*, Paris, Éditions Cahiers du cinéma, 1986, p. 76.
5. Le capitaine, Kemble Richmond, obligea les habitants qui vivaient dans les environs du camp, et qui disaient ignorer ce qui s'y passait, à rassembler les corps, puis à les habiller, à les placer dans des charrettes et à les promener à travers la ville jusqu'au lieu où ils seraient enterrés. Les prisonniers nazis

tion tchèque de Falkenau, le 9 mai 1945. « En 1943, raconte Samuel Fuller, j'avais demandé à ma mère de m'envoyer une caméra. Elle est arrivée en 1944, à Bamberg en Allemagne. Ce que j'ai filmé ne ressemble absolument pas à ce que vous avez vu dans des films, ni aux documents allemands. On voit des gens vivants avec des morts, et on ne voit pas la différence. Des gens qui rampent. Des gens qui sont morts. Mais sont-ils morts ?... On voit un homme bouger. Il n'est pas encore mort, mais il meurt. [...]. Mon film EST cette nuit en Tchécoslovaquie. La fin de toute cette guerre, c'est l'Impossible. C'est le seul mot [...]. Pas l'Incroyable. Pas l'Horrifiant. Ces mots peuvent être dits à propos de beaucoup de choses. Omaha Beach, c'était l'Horreur. Mais ce n'était pas l'Impossible. Là nous avions la meilleure preuve que des animaux prenaient la relève du monde. »[6] De l'Horreur à l'Impossible, cette expérience de la guerre dans les rangs de l'infanterie – ce corps dont Fuller aimait à rappeler que, dans tous les conflits, il est le plus bas échelon de l'armée et subit les pertes humaines les plus importantes – allait marquer définitivement la vision du monde du cinéaste et tracer une des lignes thématiques les plus productives et les plus profondes de son œuvre[7].

UN CINÉMA EN ÉTAT DE GUERRE

Depuis son premier film (*I shot Jesse James*, 1949) jusqu'au dernier (*Street of No Return*, 1989), et quel que soit le genre abordé

furent alignés face à leurs victimes pour qu'ils assistent à la cérémonie. L'officier qui ordonna cette mise en scène et Fuller qui, faisant office d'opérateur, la filma, transgressaient une loi de la guerre : leur unité n'étant pas une force d'occupation, ils n'avaient pas le droit de donner d'ordres ni à la population civile, ni aux prisonniers.

6. *Ibid.*, p. 117.
7. Il convient aussi de souligner l'intérêt que l'expérience de la guerre de Fuller a suscité chez d'autres cinéastes. Les souvenirs et les fictions générés par sa participation à la guerre ont donné naissance à des films comme *Sonsi* (1988) d'Alexandre Rockwell, à des documentaires *Falkenau, vision de l'impossible* (1988) d'Emile Weiss et *An American in Normandy* (1994) de Jean Louis Comolli. Dans toutes ces œuvres, c'est plus la guerre que les films de guerre qui est analysée à travers le regard de Fuller.

et souvent transgressé : – le western (*I shot Jesse James*, 1949 ; *Run of the Arrow*, 1956 ; *Forty Guns*, 1957) ; – le film policier et noir (*Pick up on South Street*, 1953 ; *House of Bamboo*, 1955 ; *The Crimson Kimono*, 1959 ; *Underworld USA*, 1961 ; *Dead Pigeon on Beethovenstrasse*, 1973 ; *Les Voleurs de la nuit*, 1983 ; *Street of No Return*, 1989) ; – le mélodrame (*Park Row*, 1952 ; *Shock Corridor*, 1963 ; *The Naked Kiss*, 1964) ; – le récit d'aventures (*Hell and High Water*, 1954 ; *The Baron of Arizona*, 1950 ; *Shark*, 1969)[8] – le drame criminel ou film à thèse (*White Dog*, 1982) ; et, bien sûr, – le film de guerre, Samuel Fuller a toujours filmé des personnages en état de guerre, hors d'eux-mêmes, vivant leur environnement comme un champ de bataille et leur vie comme un combat. Dans ce cinéma, qui n'a cessé d'explorer la même énigme : « Qu'est-ce qui pousse un homme à violer ses propres lois et à tuer son semblable ? », la guerre est la référence absolue, l'image paroxystique et concentrée de la condition humaine. Qu'elle soit montrée dans ses manifestations réelles (comme un combat mettant aux prises des groupes constitués autour d'un antagonisme) ou qu'elle soit transposée dans la société et réduite à son essence, c'est-à-dire aux dimensions d'un affrontement dressant face à face des hommes, elle fournit le cadre de violence et de folie dans lequel le cinéaste a pensé la mise en crise de l'humain et questionné la société américaine.

Si la guerre est cette référence absolue qui peut servir de métaphore à tout le cinéma de Fuller[9], elle est avant tout une réalité : une réalité biographique pour le cinéaste, mais aussi une réalité historique de l'Amérique qui a été engagée tout au long du XXe siècle dans des conflits militaires et a accepté d'envoyer ses enfants vivre cette folie organisée aux quatre coins du monde. Parmi les vingt-trois films qu'a réalisés Samuel Fuller entre 1949 et 1989, six prennent

8. Ces trois films sont difficiles à classer dans un genre : *The Baron of Arizona* est un mélange de récit d'aventures et de mélodrame avec des décors de pré-western ; *Hell and High Water* (1954) utilise des ingrédients aussi bien du film de guerre que du récit d'aventures dans le cadre d'une histoire de sous-marins et d'espionnage ; *Shark* mêle le récit d'aventures et le cinéma d'intrigue.
9. La célèbre définition du cinéma que donne Samuel Fuller dans *Pierrot le fou* de Godard est à cet égard explicite : « Un film c'est comme un champ de bataille [...] : amour, haine, action, violence et mort. En un mot émotion. »

directement la guerre comme sujet : *The Steel Helmet* (1950), *Fixed Bayonets* (1951), *China Gate* (1957), *Verboten!* (1958), *Merrill's Marauders* (1962), *The Big Red One* (1980). Et de ces six films de guerre, seuls trois (*Verboten!*, *Merrill's Marauders* et *The Big Red One*) se déroulent pendant la seconde guerre mondiale; les trois autres se situant en Corée (*The Steel Helmet* et *Fixed Bayonets*) et en Indochine (*China Gate*). En outre, des trois films sur la guerre contre le régime nazi et ses alliés japonais, seul un, *The Big Red One*, s'appuie directement sur les expériences biographiques du cinéaste. *Merill's Marauders* illustre une campagne en Birmanie à laquelle Fuller n'a pas participé. Quant à *Verboten!*, il se centre sur les jours qui suivent immédiatement la fin du conflit en Allemagne et doit être plutôt considéré comme un mélodrame de l'après-guerre[10] qui inclut dans ses séquences initiales, montrant la prise de Berlin, la reddition, et le début de l'occupation, des éléments propres au film de guerre. Enfin si *China Gate* a bien pour cadre la guerre (en 1954, en Indochine, les troupes de la Légion Étrangère luttent aux côtés de l'armée française contre la guérilla vietnamienne), il se distingue néanmoins très fortement des autres films de guerre réalisés par Fuller[11]. D'une part, le conflit qui y est évoqué, la guerre d'Indochine, pour la seule et unique fois dans l'œuvre du cinéaste, n'est pas

10. Outre *Verboten!*, plusieurs films de Fuller abordent directement la question de l'après-guerre ou plus précisément de la frontière fragile entre la guerre et l'après-guerre. *Run of the Arrow* commence le dernier jour de la guerre de Sécession, le 9 avril 1865, sur le champ de bataille d'Appomattox : le général Lee se rend au général Grant, commandant en chef des forces de l'Union ; le soldat O'Meara tire la dernière balle de la guerre... *House of Bamboo* s'ouvre sur un assaut contre un convoi militaire ; un soldat américain meurt dans la fusillade ; la police japonaise et la division militaire de la police américaine unissent leurs forces pour arrêter les délinquants qui ne sont autres que des soldats américains, qui une fois la guerre terminée, ont préféré rester au Japon et se consacrer au crime organisé... *The Big Red One* débute en novembre 1918, dans un champ dévasté de la campagne française, quelques heures après la signature de l'armistice...
11. Il convient de signaler que plus encore que les autres œuvres de Fuller, *China Gate* a été tourné dans des conditions de production très précaires, extrêmes, qui expliquent en partie son caractère singulier aussi bien dans la définition et le traitement idéologique des personnages que dans les choix de mise en scène.

un conflit qui concerne l'Amérique et son armée : les seuls soldats américains qui y participent sont des mercenaires[12] de la Légion étrangère. D'autre part la façon dont le cinéaste traite les événements historiques, éloigne, au fur et à mesure que les personnages s'enfoncent dans la jungle, le film des lois du genre. L'Indochine de 1954, telle qu'elle est présentée – peuplée de paysans affamés, de guérilleros communistes, d'officiers chinois avides de faire carrière en Union soviétique, de légionnaires venus de tous les pays, de femmes métisses buveuses de cognac, d'enfants non reconnus par leur père en raison de la couleur de leur peau et de leurs yeux bridés – finit par n'être plus qu'une pure abstraction dont Fuller se sert pour exprimer son anticommunisme et aborder un de ses thèmes de prédilection : le racisme.

Seuls *The Steel Helmet, Fixed Bayonets, Merrill's Marauders* et *The Big Red One* peuvent être considérés, dans la filmographie de Samuel Fuller, à la fois comme des films de guerre (montrant la guerre) et comme des films militaires (mettant en scène l'armée : chez Fuller, l'armée américaine et plus particulièrement l'infanterie). Même si ces quatre œuvres évoquent des guerres différentes (la guerre de Corée : *The Steel Helmet, Fixed Bayonets*; la seconde guerre mondiale en Asie : *Merrill's Marauders*, et en Europe : *The Big Red One*) menées par l'Amérique pour des causes plus ou moins justes (guerre d'intervention presque coloniale et guerre de libération), contre des ennemis plus ou moins menaçants (les communistes et les nazis et leurs alliés japonais), c'est « toujours la même vieille guerre »[13] que le cinéaste met en scène : sa guerre et toutes les guerres[14], c'est-à-

12. Dans *Hell and High Water*, les personnages principaux sont aussi des mercenaires. Chez Fuller, la société (ou la patrie) est souvent défendue par ceux qu'elle rejette : mercenaires, prostituées, pickpockets...
13. Samuel Fuller dans *Il était une fois SAMUEL FULLER, op. cit.*, p. 149.
14. On peut cependant constater une différence de point de vue entre les films consacrés aux guerres d'intervention en Asie et tournés à chaud dans les années cinquante (*The Steel Helmet, Fixed Bayonets*) et ceux qui se réfèrent avec un certain recul historique à des épisodes de la lutte contre les nazis ou leurs alliés japonais (*The Big Red One, Merrill's Marauders*). Dans les premières œuvres, parce que le territoire défendu l'est pour des raisons idéologiques et économiques qui sont moins nobles que celles de la lutte contre le nazisme,

dire un drame absolu, clos sur lui-même, affranchi de tout élément extérieur et conçu comme l'expression des limites de l'humain.

LA GUERRE : UNE DRAMATURGIE DE L'EXTRÊME

Davantage qu'un décor ou qu'un prétexte au récit d'une action, Fuller trouve dans la guerre une dramaturgie simplifiée, réduite à l'essentiel : à des situations extrêmes où il n'est plus question de trahison, de loyauté ou d'amour, et où les seuls enjeux sont des questions de vie et de mort. « Dans l'armée, précise le cinéaste, il n'y a pas de faction. On est vivant ou mort, c'est simple. Plus simple. »[15] Comme dans les autres genres du cinéma d'action qu'il a fréquentés, Fuller annule dans son approche du film de guerre toute connotation héroïque ou épique. Loin d'aborder la dimension historique des conflits à travers une vision *par au-dessus* qui conférerait une intelligibilité à l'événement militaire, il ramène les conflits à l'échelle de l'affrontement ou des relations entre individus. Il donne de la guerre une vision existentielle, au ras du sol, celle d'un soldat ou d'un groupe de soldats plongé au sein d'un monde qu'il perçoit comme violence pure. Le sujet des films militaires de Fuller, c'est l'homme en guerre ou plus précisément le fantassin en guerre. « N'importe qui, précise le cinéaste, peut aller dans l'Infanterie, mais personne ne peut en sortir à moins d'être mort, blessé ou fou, jamais ! Et c'est là qu'il y a les plus bas échelons. »[16] Et il ajoute : « L'infanterie, c'est comme des fourmis. Les pertes, le nombre de morts et de blessés sont toujours importants dans l'Infanterie. »[17] Pour Fuller qui a lui-même servi dans ce corps qu'il appelle « la Reine des batailles », « (le) fantassin est, comme l'a très bien écrit Jacques Lourcelles, le soldat [...], le plus soldat, le soldat par excellence ; puis bientôt le soldat par exception, une armée dans l'armée, qui n'a plus de contact avec les autres

Fuller se montre plus antimilitariste et laisse transparaître chez les soldats un certain malaise moral.

15. Samuel Fuller dans *Il était une fois SAMUEL FULLER*, *op. cit.*, p. 155.
16. *Ibid.*, p. 77.
17. *Ibid.*, p. 78.

corps, faisant sa guerre à lui tout seul, et allant même jusqu'à se croire complètement abandonné »[18].

Dans les quatre films militaires que le cinéaste a consacrés et explicitement dédiés à l'Infanterie, l'action de guerre prend la forme d'une guérilla. Isolé dans un territoire indéterminé souvent aveugle, situé derrière et au contact des lignes ennemies, un groupe de fantassins doit avancer à marche forcée ou épouser les accidents du terrain et s'y cacher, lutter au corps à corps, pied à pied... pour survivre et mener à bien sa mission. Dans *The Steel Helmet*[19], pendant la guerre de Corée, un groupe hétéroclite de soldats, composé des restes d'une patrouille décimée et des rescapés de sections anéanties, erre en terrain ennemi, avant de trouver refuge dans un temple bouddhiste où il a à tenir un siège contre les assauts continuels de l'ennemi communiste. Quand un détachement américain vient les libérer, il ne reste que quatre survivants. Dans *Fixed Bayonets*, le haut commandement de l'armée américaine a décidé de retirer ses troupes de Corée : un peloton de cinquante-quatre hommes doit effectuer une action de diversion et d'arrière-garde, et, réfugié dans une grotte, doit maintenir une ligne de feu pour permettre au gros de l'armée américaine de se replier à travers un col enneigé sans que les Nord-Coréens s'aperçoivent de l'opération. Dans *Merrill's Marauders*, pendant la reconquête de la Birmanie en 1944, le général Merrill et ses hommes, une unité de combat formée de vétérans ayant participé aux diverses campagnes du Pacifique, doivent se faufiler entre les lignes ennemies pour détruire les bases d'approvisionnement de l'ennemi au Nord, puis empêcher le regroupement

18. Jacques Lourcelles, « Thème du traître et du héros. Remarques très librement inspirées de l'œuvre de Samuel Fuller », *Présence du cinéma*, n° 20, mars-avril 1964, p. 38.
19. *The Steel Helmet* est le troisième film et premier film de guerre de Samuel Fuller. Il a été tourné à chaud, durant le deuxième mois de la guerre de Corée, dans un décor unique de studio et en dix jours. C'est l'une des œuvres les plus polémiques de l'auteur. Sous les traits robustes de Gene Evans qui incarne le sergent Zack et qui sera le sergent Rock de *Fixed Bayonets*, elle propose le premier portait fullérien de ce soldat par excellence qu'est le fantassin, et apparaît comme une œuvre matrice qui contient en concentré la plupart des données dramaturgiques que l'on retrouvera dans les autres films du cinéaste.

des forces japonaises à Mytkyina, une base aérienne stratégique. Après des mois de progression à marche forcée et des centaines de kilomètres parcourus dans la jungle birmane sous la menace permanente des Japonais, quand ils touchent au but, sur les trois mille volontaires du départ, il ne reste plus que cent survivants. *The Red Big One*[20] suit une escouade de la première division d'infanterie américaine, du débarquement en Afrique du Nord, puis en Sicile, puis en Normandie jusqu'en Belgique, en Allemagne et la libération d'un camp d'extermination en Tchécoslovaquie durant les derniers jours de la seconde guerre mondiale. L'escouade est commandée par un sergent sans nom, vétéran de la guerre de 14-18, symbole de la Division, qui est incarné par Lee Marvin. Tout au long de la lente et périlleuse remontée vers l'Europe centrale, il est accompagné par quatre fantassins (Zab, le double de Samuel Fuller, qui désire écrire un roman sur la guerre, Griff, Vinci et Johnson). Seuls ces cinq membres du départ survivront : durant près de trois années de lutte en première ligne, ils auront vu mourir les uns après les autres leurs compagnons et ceux qui les ont remplacés, participé à un accouchement dans un char, combattu dans un asile de fous, vécu l'horreur et l'irrationalité de la guerre et découvert au bout de leur itinéraire l'impossible : la réalité monstrueuse du nazisme.

Contrairement à ce qui se passe dans beaucoup de films de guerre, ce n'est pas la description du combat qui intéresse Fuller, mais l'expérience de la survie. La violence qu'il met en scène est celle qui frappe le soldat égaré par l'immédiateté de ses perceptions sensibles et confronté à la peur, à la faim, à l'épuisement physique, au désespoir, et à la mort. S'il donne à voir des morts, c'est pour évoquer la menace qui pèse sur les vivants et poser la question essentielle de l'homme en guerre : « comment survivre ? ». Pour lui et les fantassins, coupés du monde, qu'il filme et auxquels il confère le pouvoir

20. *The Big Red One* est l'aboutissement d'un vaste projet autobiographique que Samuel Fuller portait depuis près de trente ans : raconter sa propre expérience de GI dans la première division d'Infanterie. Ce film, comme l'a souvent répété le cinéaste, n'est pas un film de guerre de plus ; il est à la fois une œuvre-somme (récapitulation des films militaires précédents dédiés à l'infanterie) et une œuvre-testament, véritable épure du cinéma de guerre selon Fuller.

de représenter une humanité en crise, il n'y a d'autre gloire dans la guerre que de survivre. « Au lieu de m'intéresser aux soldats qui sont tués, à ceux qui reçoivent des lettres de leurs femmes, etc., expliquait Samuel Fuller à propos de *The Big Red One*, je m'intéressais à ceux qui avaient survécu, comme symboles. Je les utilisais froidement. Je voulais montrer ce que nous avions vraiment vécu. On avance. On oublie immédiatement. On ne montre jamais au cinéma la véritable froideur de l'avancée forcée. Avancer, avancer, et laisser des gens derrière. Avancer. »[21] Aucun autre idéal, aucun autre objectif militaire ne justifient le courage et l'énergie du fantassin que l'instinct de survie. Il s'agit de mettre un pied devant l'autre pour ne pas tomber d'épuisement (*Merrill's Maraudeurs*), de faire corps avec le terrain pour ne pas être découvert (trouver refuge au fond d'une grotte dans *Fixed Bayonets* ou s'enterrer pour laisser passer au-dessus de soi les chars allemands dans *The Big Red One*), de tuer pour ne pas être tué. « Quand on se bat, précise le cinéaste, on répond pour sauver sa vie. On tue pour tuer parce qu'on ne veut pas être tué. C'est très simple. Rien à voir avec une grande explication philosophique. Un animal contre un animal ; et l'un des deux va vivre. C'est tout. »[22]

La guerre chez Fuller ne fait que replonger l'individu dans un état régressif, un état de nature, tel que le décrit Thomas Hobbes, où l'homme est gouverné par le besoin et la passion : et notamment la plus forte de toutes les passions, la peur de la mort, l'instinct foncier de sa propre conservation. Dans cet état de nature cataclysmique qu'est l'état de guerre, le fantassin, au contact de ce terrible ennemi de la nature qu'est la mort, est conduit à aller en deçà de lui-même, à violer ses propres lois, à trahir sa propre humanité ou sa condition de militaire. Chaque film raconte cette montée aux extrêmes, ce passage de la limite. Dans *Merrill's Marauder*, par loyauté envers leur chef, les hommes de Merrill vont au-delà des limites physiques et psychologiques de l'endurance humaine. Dans *Fixed Bayonets*, le caporal Denno qui par lâcheté ou humanisme, n'a jamais tiré sur un ennemi et refuse de prendre toute responsabilité, se voit contraint,

21. Samuel Fuller dans *Il était une fois SAMUEL FULLER*, *op. cit.*, p. 319.
22. *Ibid.*, p. 84.

après la mort de ses supérieurs, de prendre le commandement de son escouade et de devenir un héros malgré lui, contre lui. Dans *The Steel Helmet*, un soldat américain, le sergent Zack, tue de sang froid un prisonnier de guerre. Dans *The Big Red One*, le sergent, incarné par Lee Marvin, qui en 1918 avait tué un soldat allemand alors que l'armistice était signé et qu'il ne le savait pas, répète le même geste à la fin de la seconde guerre mondiale, mais cette fois en pleine connaissance de cause.

Parce que l'anéantissement de l'autre ne peut être une simple négation logique, parce qu'il est la manifestation d'une violence inintelligible, la guerre dans sa réalité se présente chez Fuller sous la forme d'un phénomène irrationnel qui s'organise et s'amplifie autour de la folie et de la mort. L'image que le cinéaste donne de l'affrontement guerrier est celle d'un combat aveugle où tous les repères, toutes les frontières, toutes les identités (celle des amis et celle des ennemis) sont brouillés. La très belle séquence de l'attaque de la gare de triage de Shadazup dans *Merrill's Marauders* propose une des visions les plus emblématiques de l'action de guerre telle que la conçoit Fuller. L'affrontement entre les maraudeurs de Merrill et les Japonais est filmé le plus souvent avec des plans d'ensemble ou de demi-ensemble en plongée sur des blocs de pierre (pièges anti-chars hexagonaux) qui dessinent un étroit labyrinthe de forme circulaire. Dans ce décor symbolique et angoissant, la nature des opérations et des forces se trouve fondue dans une indistinction absolue qui annule toute notion d'héroïsme : les combattants, tels des fourmis prises au piège, se déplacent, tirent, se cachent sans savoir, ni où est l'ennemi, ni d'où va arriver l'attaque. Se met ainsi en place un ballet macabre où s'exécute une véritable chorégraphie de l'irrationalité : la caméra cadre deux soldats japonais, derrière eux un soldat américain se glisse et disparaît dans un des couloirs du labyrinthe ; un maraudeur s'empresse de franchir un angle sans savoir ce qu'il va rencontrer derrière un autre angle, entre dans un couloir et un instant plus tard un Japonais en sort sans que les deux combattants n'aient eu le temps de se croiser ; des hommes se retournent et tirent sans savoir avec certitude sur qui ils tirent… La séquence se termine sur un panoramique circulaire qui fait le tour du décor et montre en plongée le labyrinthe jonché de cadavres, résumant en une image fulgurante de froide géométrie le destin funeste du combat.

La guerre opère chez Fuller comme un principe de confusion et d'inversion qui met à nu la terrifiante fragilité des normes et des frontières. Frontière entre la raison et la folie : dans l'asile belge où les fantassins de *The Big Red One* viennent débusquer des soldats nazis, un fou s'empare d'une arme et tue, puis jubile frénétiquement : « Je suis des vôtres ! Je savais que je suis normal »... Frontière entre soi et l'autre : dans *Merrill's Marauders* un blessé interroge fébrilement Merril pour savoir si un certain Lemscheck a pu s'en sortir ; le blessé meurt ; « qui est ce Lemscheck ? » demande Merril, « c'était lui » dit le docteur. Dans *Fixed Bayonets*, le sergent Rock croyant masser le pied gelé d'un de ses hommes découvre qu'il se masse lui-même et que son pied a perdu toute sensibilité... Frontière entre l'homme et l'animal : dans *Merrill's Marauders*, la mule de la Brigade s'effondre, le soldat qui s'en occupe, plutôt que de devoir l'abattre, prend le chargement sur ses épaules et meurt d'épuisement sous le poids de la charge... Frontière entre la naissance et la mort : dans *The Big Red One*, alors qu'ils viennent de surprendre et de tuer dans un char des soldats nazis qui feignaient d'être morts, les fantassins américains aident une jeune femme à accoucher dans ce même char, soutenant ses pieds avec les bandes de leurs mitrailleuses et utilisant, faute de gants, des préservatifs qu'ils mettent d'habitude au bout de leurs fusils pour protéger les canons... Frontière entre la mort et la vie : dans *Fixed Bayonets*, le lieutenant Denno risque sa peau en allant chercher son supérieur tombé dans un champ de mines ; alors qu'il croit sauver une vie, il découvre qu'il transporte un mort... ; à la fin de *The Big Red One*, un soldat ouvre un four crématoire et découvre un soldat nazi armé allongé sur le corps calciné d'un Juif ; lui qui jusqu'alors s'était montré incapable de tirer sur l'ennemi fait feu le premier et hagard continue à tirer régulièrement, sans aucune hystérie sur un mort, mais plus que sur un homme ou un ennemi, il tire sur une idée, sur la bête immonde... ; inversement le sergent Zack de *The Steel Helmet* face au prisonnier de guerre qu'il a tué et le sergent de *The Big Red One* face à l'Allemand qu'il a abattu après la fin de la guerre cherchent à maintenir leur victime en vie en s'écriant respectivement « Si tu meurs, je te tue ! » et « Je te jure que tu vivras, même si je dois te faire exploser la cervelle »... Frontière entre un camp et l'autre : dans *The Big Red One*, en montage parallèle, un jeune soldat américain et un jeune soldat allemand se posent la même question, « quelle différence y a-t-il entre tuer et assassiner ? »... Frontière entre le guerrier et l'assassin : en 1918, le sergent de *The Big Red One* tue un Allemand alors que l'armistice était signé et qu'il ne le savait pas ; de guerrier, voire de héros, il est devenu assassin... Frontière entre spiritualité et barbarie : dans *The Steel Helmet*, une grande partie de l'action semble se dérouler sous le regard attentif et impénétrable de l'énorme statue de Bouddha située au centre du temple ; après chaque combat et le moment de pause qui lui succède, Fuller commence la séquence par un plan rapproché de la statue et un panoramique descendant jusqu'aux soldats qu'on retrouve à chaque fois de moins en moins nombreux et de plus en plus affamés, assoiffés, épuisés, nerveux et terrorisés...

On pourrait multiplier les exemples, tant le cinéma de Fuller est riche de ces scènes-choc, de ces images poétiques fulgurantes, de ces idées paradoxales qui jouent sur le contraste ou la contradiction des motifs, le basculement des valeurs, le renversement des archétypes, l'inversion des situations ou le franchissement des interdits, et dont la force expressive ou puissance visionnaire condensent et amplifient en un saisissant précipité d'irrationalité la folie et la violence à l'œuvre dans la guerre. On pense, dans *The Steel Helmet*, au générique défilant sur le gros plan d'un casque militaire cabossé et troué qui semble abandonné sur un chemin avant qu'il ne commence à bouger et laisse apparaître, en se soulevant lentement, la tête d'un survivant qui s'était caché en contrebas du chemin en attendant que les ennemis quittent le champ de bataille, à l'infirmier noir qui retire son brassard pour se mettre à tirer avec les autres, au soldat muet qui recouvre la parole pour protester contre son assassinat ; au bocal de transfusion sanguine accroché à la main de la statue de Bouddha. On songe, dans *Fixed Bayonets*, à la balle qui fait des ricochets contre les parois de la grotte et dont les soldats pétrifiés suivent le trajet erratique, avant qu'elle ne vienne toucher le sergent Rock ; à ce brancardier qui en extrayant une balle de son propre corps découvre qu'il peut aussi soigner les autres. On se souvient dans *Merrill's Marauders* du labyrinthe de Shadazup déjà évoqué où les soldats s'entre-tuent en un combat de fourmis ; du soldat aguerri qui après la tuerie explose en sanglots longtemps retenus quand une vieille femme birmane lui donne à manger. On se rappelle l'ouverture de *China Gate* où un enfant court parmi des ruines, poursuivi par un homme affamé qui veut lui manger son chien. On n'oublie pas, dans *The Big Red One*, les tanks allemands qui passent au-dessus des têtes des Américains cachés dans des trous sous la terre ; l'entêtement du garçon en Sicile qui veut à tout prix faire enterrer sa mère et promène dans une charrette son cadavre qui commence à se décomposer sous la chaleur ; le geste délicat de la fillette sicilienne qui décore de fleurs le casque du sergent ; la mer qui se teinte de rose puis de rouge sang en recouvrant la montre au poignet d'un soldat mort qui marque l'inexorable passage du temps, tandis que les hommes continuent de tomber les après les autres avec une régularité terrifiante sur la plage du débarquement ; l'énorme crucifix derrière lequel, littéralement crucifié, l'officier nazi trouve un abri pour échapper à l'escouade américaine ; le corps d'un soldat allemand mort qui pend par les pieds aux branches d'un arbre tordu dans le brouillard d'une forêt allemande où le sergent appelle ses hommes par leur nom pour savoir s'ils sont encore en vie ; et surtout l'enfant hagard émergeant silencieusement des ténèbres du camp de Falkenau à qui le sergent tente, sans y parvenir, de ré-insuffler la vie en lui faisant écouter une boîte à musique et en le portant à cheval sur ses épaules tandis que le gosse meurt, doucement, les yeux grands ouverts.

ENTRE CAUCHEMAR ET APOCALYPSE

L'une des caractéristiques du génie cinématographique de Samuel Fuller réside dans sa capacité à passer sans transition du plan d'ensemble au gros plan ou du gros plan au plan d'ensemble, à filmer simultanément ou à travers un jeu de basculement de perspective et d'échelle souvent brutal la chose et l'idée de la chose, la guerre et l'idée de la guerre. Deux approches se superposent dans les films militaires de Fuller : celle du reporter qui filme au ras du sol, en gros plan ou plan rapproché, la guerre vécue comme un cauchemar dont le survivant essaie en vain de se réveiller ; et celle du visionnaire qui filme, en plan général ou d'ensemble, la guerre vue comme une apocalypse qui loin de régénérer l'humain ne fait que sceller son agonie (le survivant comme mort-vivant) et sa régression vers un état de nature hobbesien qui se souviendrait de la civilisation. Cette double vision de la guerre comme cauchemar et comme apocalypse à rebours culmine et trouve sa forme la plus accomplie dans l'inoubliable ouverture de *The Big Red One*. Cette séquence, tournée en noir et blanc (comme s'il s'agissait d'un film d'actualité de l'époque, quand le cinéma n'était pas encore en couleur) fonctionne un peu comme la scène primitive du film de guerre fullérien : d'abord parce qu'elle se déroule pendant la première guerre mondiale, et c'est la seule fois que Fuller évoquera dans ses films ce conflit, premier d'une longue suite de conflits dans lesquels l'Amérique sera engagée tout au long du XXe siècle, hors de ses frontières ; ensuite parce qu'elle raconte les circonstances ambiguës qui sont à l'origine de l'insigne (le Un rouge) de la Big Red One : cet insigne, symbole de la Première division d'infanterie américaine à laquelle le film est dédié, a été volé par son créateur sur le calot d'un soldat allemand qu'il a tué après l'armistice ; enfin parce qu'à travers ce qu'on peut appeler un effet-tableau, elle fixe et concentre en une vision paroxystique à valeur symbolique la réalité de la guerre telle que l'a vécue, l'a pensée et l'a filmée sans l'aimer Samuel Fuller.

La séquence s'ouvre sur un plan général d'un champ dévasté et brumeux après la bataille : au premier plan, une barrière de bois ; de maigres arbres dénudés se détachent sur un terrain caillouteux ; au cœur de l'image, légèrement décentré, seul repère visuel vertical, se dresse un grand crucifix ; en surimpression apparaît : « France, novembre 1918 » ; au pied de la gigantesque croix, contraste saisissant entre l'humain et le divin, on devine, minuscule, comme sortie d'un tableau de Jérôme Bosch ou de Bruegel l'Ancien, la silhouette d'un soldat. Dans ce paysage embrumé de fin du monde qui résonne du silence de la mort et que semble avoir déserté toute transcendance, sous le regard énigmatique d'un Christ de bois dont les yeux ne sont plus que deux orbites vides grouillant de vers, Samuel Fuller ramène la guerre à sa plus simple et plus monstrueuse expression : un affrontement cauchemardesque qui met l'homme face au triomphe de la mort, face à la folie animale, face à son propre instinct sauvage de survie, face à lui-même et à l'impossible oubli de l'humain.

Un soldat (le dernier des hommes, le survivant) marche parmi des corps enchevêtrés, puis s'agenouille devant un cadavre sans visage : on ne voit que ses pieds (les pieds du fantassin) et son ombre qui se projette sur les morts comme s'il n'appartenait déjà plus au monde des vivants. Surgissant au galop du néant, un cheval noir, rendu fou par la guerre, vient se cabrer au-dessus du soldat agenouillé qui se retourne, terrorisé, recule, essaie en vain de se relever et rampe, pour éviter les ruades de l'animal en furie que le cinéaste filme toujours en contre-plongée pour accentuer l'inversion des rapports et le jeu de miroir entre la bête sauvage, dressée sur deux pattes et l'homme rampant. Ayant trouvé refuge derrière la croix[23], alors que le cheval fou s'enfuit et disparaît dans le lointain aussi soudainement qu'il était venu, le soldat, dont le fusil a été écrasé sous les sabots de l'animal, voit émerger de la brume le fantôme gris d'un soldat allemand qui s'avance vers lui désarmé, les mains levées bien haut et criant d'une voix plaintive : « *Der Krieg ist vorbei ! Nicht Schiessen ! Der Krieg ist...* » Tel un animal qui se jette sur sa proie, il bondit et enfonce la lame de son couteau dans le corps de l'Allemand étonné, avant de s'éloigner en enjambant les cadavres des hommes enterrés dans la boue, toujours sous le regard aveugle du Christ sur sa croix... Quand il regagne sa tranchée et le monde civilisé[24], il apprend de la bouche de son capitaine qui est en train de se raser et donc de retrouver figure humaine, que l'armistice est signé depuis quatre heures et qu'il vient donc d'assassiner un homme et que cet homme, au calot duquel il a arraché le bout de tissu qui deviendra l'insigne de la Première division d'infanterie, le savait.

23. C'est au sommet de cette même croix, caché derrière le corps du Christ, que pendant la seconde guerre mondiale, un officier nazi trouvera refuge.
24. Tandis que les ravages de la guerre ont annihilé l'idée même de civilisation, les personnages, au fond de la tranchée, s'emploient à retrouver les gestes d'un protocole civilisé : la politesse, la hiérarchie, le souci de l'apparence et aussi la culpabilité. Le soldat, qui vient de tuer sauvagement un homme, demande : « Je peux entrer ? » avant de pénétrer dans la casemate ; l'officier se rase, boit du cognac, en offre un verre au soldat pour qu'il oublie sa mauvaise conscience.

Entre le premier plan général avec le soldat minuscule au pied de la croix et le gros plan du visage de Lee Marvin, à la fin de la séquence, ridé, fatigué, cadavérique, que la mort ne semble plus pouvoir atteindre, Samuel Fuller filme le passage d'un chaos extérieur à un chaos intérieur, la métamorphose d'un survivant perdu dans un no man's land en un mort-vivant confronté à ses propres fantômes, le déplacement des frontières et l'inversion des valeurs entre la barbarie et la spiritualité, entre les vivants et les morts, entre l'homme et l'animal, entre l'instinct de survie et l'instinct de tuer que l'homme porte en lui, entre le guerrier et l'assassin ; il filme l'horreur sans émotion, et c'est cette absence d'émotion qui, comme il le dit lui-même[25], est l'émotion même de la guerre.

25. Cf. Samuel Fuller dans *Il était une fois SAMUEL FULLER*, *op. cit.*, p. 123.

III
ARRANGEMENTS DE CINÉMA : WOODY ALLEN OU L'ART DE LA GESTION

Qui est Woody Allen ?

On peut tenter de répondre à cette question :

– soit ironiquement en esquissant le portrait nuancé d'un personnage à l'identité marquée et décalée : Woody Allen, né en 1935, est un petit homme au physique ingrat mais qui plaît aux femmes ; un auteur-réalisateur-interprète certes américain mais surtout juif-new-yorkais ; un intellectuel cultivé mais drôle ; un cinéphile admirant Bergman, Fellini et Kurosawa mais trouvant Ford, Walsh et Mankiewicz surfaits[1] ; un artiste libre et indépendant mais harmonieusement intégré au système de production hollywoodien ;

– soit sournoisement en portant un jugement tranché sur la valeur d'un cinéaste controversé : pour les uns, laudateurs éclairés, Woody Allen est un maître du comique nonsensique passé à la grande comédie, devenu un auteur complet à la palette variée et méritant d'occuper une place de choix dans le Panthéon cinématographique ; pour les autres, détracteurs avertis, il n'est qu'un amuseur de cabaret à l'humour essentiellement verbal, devenu un scénariste habile mais

1. Dans un entretien accordé à *Positif* à l'occasion de la sortie de *Manhattan* en décembre 1978, quand on lui demandait si la liste des gens surfaits que dresse le personnage interprété par Diane Keaton correspondait à la sienne, Woody Allen répondait : « Non, elle est très différente, parce que cette Académie des gens surfaits contient des noms que j'admire profondément, comme Norman Mailer, Heinrich Böll, Scott Fitzgerald. Je les adore tous. Elle ne mentionne pas les intouchables comme Picasso, Bergman ou Saul Bellow qui planent au-dessus de toutes les listes. Mes gens surfaits à moi seraient plutôt tous ces metteurs en scène américains que mes amis français portent aux nues comme John Ford, Raoul Walsh ou Joseph Mankiewicz. »

demeurant un réalisateur besogneux et peu préoccupé de mise en scène ;
– soit simplement en partant d'un constat objectif : Woody Allen est l'un des cinéastes américains les plus productifs de l'après-guerre...

Si l'on s'en tient à la période 1969-1997[2] (de *Take the Money and Run* à *Deconstructing Harry*) qui couvre la partie sans doute la plus riche et la plus accomplie de sa carrière de réalisateur, de ses débuts à sa maturité, la filmographie de Woody Allen présente un corpus déjà conséquent de vingt-six films, corpus qui n'a cessé d'ailleurs par la suite de s'enrichir à la cadence soutenue et implacable d'un opus par an. À titre d'exemple et de comparaison, parmi les cinéastes de la même génération : Martin Scorsese et Mel Brooks, new-yorkais eux aussi, n'ont, pendant la même période (entre 1969 et 1997), tourné

2. Cette étude s'arrête à l'année 1997 qui marque une rupture dans la vie et la carrière de Woody Allen. Après sa séparation, sur fond de scandale, avec Mia Farrow, il épouse sa fille adoptive Soon-Yi Previn et réalise, avec *Deconstructing Harry* (*Harry dans tous ses états*), son film, à ce jour le plus « allenien ». Cette même année, Miramax le renvoie suite aux échecs financiers consécutifs de *Mighty Aphrodite* (*Maudite Aphrodite*, 1995) et de *Everyone Says I Love You* (*Tout le monde dit I love you*, 1996). S'ouvre alors une période (1998-2004) caractérisée par un certain essoufflement créatif qui verra la critique et le public se détourner du réalisateur new-yorkais avec des films comme *Celebrity* (1998), *Sweet and Lowdown* (*Accords et Désaccords*, 1999), *Small Time Crooks* (*Escrocs mais pas trop*, 2000), *The Curse of the Jade Scorpion* (*Le Sortilège du scorpion de Jade*, 2001), *Hollywood Ending* (2002), *Anything Else* (*La Vie et tout le reste*, 2003), *Melinda and Melinda* (*Melinda et Melinda*, 2004). C'est en quittant New York pour aller tourner en Europe que Woody Allen relancera sa carrière et retrouvera un nouveau souffle créateur avec notamment sa trilogie londonienne : *Match Point* (2005), *Scoop* (2006), *Cassandra's Dream* (*Le Rêve de Cassandre*, 2007), puis *Vicky Cristina Barcelona* (2008), *You Will Meet a Tall Dark Stranger* (*Vous allez rencontrer un bel et sombre inconnu*, 2010) et *Midnight in Paris* (*Minuit à Paris*, 2011). Depuis 1997, Woody Allen a ainsi réalisé quatorze longs métrages, connu des hauts et des bas, fait tourner de nouveaux acteurs, dans de nouveaux lieux, avec des chefs opérateurs différents (Vilmos Zsigmond, Darius Khondji...)..., mais sa façon de « gérer le cinéma », telle qu'elle est présentée ici, n'a pas varié. À l'occasion de la sortie en France de *Whatever Works*, le cinéaste confiera, au cours d'une interview accordée au journal *Libération* (1er juillet 2009), n'avoir jamais réalisé un « grand film ». Cette étude s'attache à en expliquer, en partie, les raisons...

respectivement que seize et dix longs métrages; John Cassavetes, entre 1959 et 1984, en a réalisé douze; Francis Ford Coppola, entre 1962 et 1997, vingt; Sydney Pollack, entre 1965 et 1997, dix-sept; Brian De Palma, entre 1966 et 1997, vingt-deux; Clint Eastwood et Steven Spielberg, entre 1971 et 1997, dix-huit; Michael Cimino, depuis 1974, sept... Et parmi les cinéastes américains qui ont commencé leur carrière après la guerre, seul Sidney Lumet (1925-2010), avec quarante-trois longs métrages de cinéma réalisés entre 1957 et 2007, affiche encore (mais pour combien de temps?) une filmographie plus étoffée que celle du réalisateur de *Manhattan*.

LA GESTION DU FILM

Cette productivité exceptionnelle et unique trouve son explication dans les rapports particuliers que le cinéaste a su instaurer avec le cinéma, rapports dépassionnés, pragmatiques, presque prosaïques qui obéissent essentiellement à ce qu'on pourrait appeler une logique économique et esthétique de la gestion. Quand on compare le parcours cinématographique de Woody Allen aux tribulations douloureuses, chaotiques ou mégalomaniaques connues par la plupart de ses pairs, on ne peut qu'être étonné par la régularité, l'assiduité et la discrétion avec lesquelles, depuis plus de quarante ans, il enchaîne les films et gère sa carrière, offrant l'image rare d'un cinéaste autonome qui, loin des affres de la création et du tumulte hollywoodien, fait son métier comme n'importe quel travailleur, et entretient des relations stables et dédramatisées à la fois avec ses producteurs qui sont les mêmes depuis les débuts[3], son équipe technique presque

3. Il est le seul cinéaste à avoir conservé les mêmes producteurs (Jack Rollins et Charles E. Joffe) pour tous ses films jusqu'en 1993. Il ne quitta United Artists, après *Stardust Memories* en 1982, que pour suivre les responsables (Robert Greenhut, Jack Rollins et Charles E. Joffe) quand ils démissionnèrent pour créer Orion Pictures. Depuis 1993 (*Bullets over Broadway*), sans pour autant abandonner ses anciens collaborateurs (Robert Greenhut, Jack Rollins et Charles E. Joffe), Woody Allen travaille avec une nouvelle société de production Sweetland Films, dont les responsables (Jean Doumanian, J. E. Beaucaire...) sont de vieilles connaissances du cinéaste.

immuable, ses acteurs qui tout en se renouvelant tendent à se constituer en famille, et son public, restreint mais fidélisé (du moins jusqu'à la fin des années 1990), qui tous les ans (en France, souvent au mois de février) découvre le nouvel opus allenien avec son éternel générique à lettrage blanc sur fond noir.

Faire du cinéma pour Woody Allen, c'est en effet travailler au sein d'un système auto-suffisant qui, à chaque étape du processus d'élaboration du film, de l'écriture du scénario au générique, manifeste la stabilité et garantit la maîtrise et l'autonomie absolues du cinéaste sur la gestion et le contrôle de son œuvre. Si ce système permet à l'auteur d'adapter ses budgets à ce qu'il sait être son marché, il assure au réalisateur la possibilité de refaire en partie (*Radio Days*) ou presque entièrement (*September*) un film qu'il juge insatisfaisant, et ce sans mettre en péril l'équilibre financier de la production et la poursuite sereine de sa carrière. « Afin de travailler de façon régulière – expliquait Allen, en 1994, après *Bullets over Broadway* –, je ne laisse jamais mes budgets monter trop haut, j'évite de me laisser entraîner par des idées grandioses. Quand j'ai un succès commercial, je ne m'en sers pas pour demander plus d'argent à mes producteurs. Si bien que quand je perds de l'argent, ils ne m'en veulent pas : ils perdent deux millions de dollars, ce n'est pas dramatique. Et je continue à travailler. C'est très important pour moi d'être sous contrat avec une compagnie. [...] Je ne demande pas trente millions. J'ai besoin de beaucoup moins. Sitôt que j'écris, je donne le scénario à mon directeur de production qui est toujours là. Il revient deux semaines après, avec le devis. On le donne à la directrice de casting, on choisit la distribution, ça prend un mois et on le tourne. [...] J'ai donc une machine parfaitement huilée, mon directeur de production, mon équipe, mes petits budgets... et je continue de travailler. [...] Je suis à l'origine du projet et il reste mien. »[4]

Quant à la méthode de filmage proprement dite, elle obéit à une démarche tout aussi pragmatique qui tend à libérer le réalisateur des contraintes formelles de la mise en scène, du découpage et des raccords. Il s'agit de gérer le tournage de façon à simpli-

4. *Positif* n° 408, février 1995, p. 31.

fier et faciliter les opérations de la prise de vue et du montage par l'enregistrement, le plus souvent en continu et en plan d'ensemble, de ce qui se joue devant la caméra : « Parce que finalement – aime à répéter l'auteur, comme pour justifier la paresse ou les manquements du cinéaste – ce que le public retient d'un film sur le plan de l'émotion et de la spiritualité, c'est le contenu. La forme d'un film est une chose simple, fonctionnelle. »[5] Et fort de ce credo, moins esthétique que pratique, auquel semble l'avoir définitivement converti l'opérateur Carlo Di Palma, Woody Allen pouvait affirmer en 1993 : « Le montage est facile pour moi car, depuis quinze ans, je fais des prises très longues, des plans-séquences, à l'intérieur desquels j'ai rarement besoin de monter, il suffit de les mettre bout à bout. Il y a très peu de montage dans mes films. [...]. Le plus souvent, j'arrive sur le plateau, je demande la lumière et je vais aussi loin que possible dans la scène avec les acteurs, car ils aiment beaucoup cette méthode. Le processus de montage n'est pas très difficile. Il suffit souvent de deux semaines pour que tout le montage soit terminé. »[6]

LA GESTION D'UNE CARRIÈRE

Fabriqué au sein d'un système et selon une méthode de travail presque entièrement déterminés par une logique de gestion pragmatique, le film allenien apparaît comme un produit standardisé : coûtant entre quinze et vingt millions de dollars, ne durant que rarement plus d'une heure trente, commençant toujours avec le même générique, d'une qualité honorable sans jamais être un chef-d'œuvre (le cinéaste, lucide, avoue lui-même ne pas être sûr de faire un grand film un jour, mais reconnaît, citant *Purple Rose of Cairo, Husbands and Wives* et *Stardust Memories*, avoir deux ou trois bons films à son actif) et s'inscrivant dans un corpus lui aussi parfaitement géré dans sa diversité et dans son évolution.

5. *Cahiers du cinéma* n° 462, décembre 1992, p. 13.
6. *Cahiers du cinéma* n° 472, octobre 1993, p. 26.

Envisagée d'un point de vue synchronique, la filmographie allenienne présente, jusqu'en 1997[7], une gamme d'œuvres variées que le spectateur, habitué à l'univers signalisé de Woody Allen, peut identifier à partir de différents critères de classement :
– classement par registres : les comédies burlesques ou non sensiques (*Take the Money and Run, Bananas, Everything You Always Wanted to Know About Sex but Were Afraid to Ask, Sleeper, Love and Death*), les drames ou œuvres sombres (*Interiors, September, Another Woman, Shadows and Fog*), et les autres comédies ou comédies sérieuses. Parmi ces dernières qui constituent l'essentiel du corpus allenien, on distingue les comédies sentimentales introspectives (*Annie Hall, Manhattan*), la comédie autoportrait (*Stardust Memories*), le marivaudage érotico-sentimental (*Midsummernight's Sex Comedy*), la comédie documentaire biographique (*Zelig*), la comédie pure (*Broadway Danny Rose*), la comédie romantique de situation (*Purple Rose of Cairo*), la comédie de caractère (*Hannah and Her Sisters*), la comédie nostalgique de mœurs (*Radio Days*), la comédie dramatique morale (*Crimes and Misdemeanors*), la comédie de fiction intimiste (*Alice*), la comédie psychodramatique (*Husbands and Wives*), la comédie policière (*Manhattan Murder Mystery*), le vaudeville de gangsters (*Bullets over Broadway*), la comédie sociale de mœurs (*Mighty Aphrodite*), la comédie musicale (*Everyone Says I Love You*) ;
– classement en fonction de l'absence, de l'effacement partiel ou de la présence forte de Woody Allen acteur : les films non interprétés par l'auteur (*Interiors, Purple Rose of Cairo, Radio Days, September, Another Woman, Alice, Bullets over Broadway*), les films où le personnage de Woody Allen tend à s'effacer ou à partager la vedette (*Midsummernight's Sex Comedy, Hannah and Her Sisters, Crimes and Misdemeanors, Shadows and Fog, Husbands and Wives, Everyone Says I Love You*) et les films, pour l'heure les plus nombreux, centrés sur le héros allenien ;
– classement selon l'utilisation ou non de la couleur : les films en noir et banc (*Manhattan, Stardust Memories, Broadway Danny Rose,*

7. Depuis *Deconstructing Harry* (1997), la filmographie de Woody Allen semble manifester moins de diversité dans les genres abordés, la comédie dramatique tendant à devenir le genre de prédilection du cinéaste.

Shadows and Fog), les films en noir et blanc/couleur (*Zelig, Purple Rose of Cairo*) et les films en couleur ;
– classement selon l'époque de référence : les films passéistes (*Love and Death, Midsummernight's Sex Comedy, Zelig, Broadway Danny Rose, Purple Rose of Cairo, Radio Days, Shadows and Fog, Bullets over Broadway*), le film de science-fiction (*Sleeper*), les films contemporains ;
– classement en fonction du recours ou non à des effets spéciaux féériques ou magiques : les films à trucages visuels (*Sleeper, Midsummernight's Sex Comedy, Zelig, Purple Rose of Cairo, New York Stories – Œdipus Wrecks –, Alice, Shadows and Fog, Everyone Says I Love You*) et les films plus réalistes ;
– classement selon la forme narrative adoptée : le sketch non seulement dans les films à sketches proprement dits (*Everything You Always Wanted to Know About Sex but Were Afraid to Ask, New York Stories*) mais aussi dans les films sans intrigue (les comédies informelles du début et *Radio Days*) ; la chronique en flashback (*Annie Hall, Broadway Danny Rose*) ; la chronique familiale à intrigues entrecroisées (*Hannah and Her Sisters, Everyone Says I Love You*) ; le huis clos où des personnages s'affrontent dans une sorte de psychodrame familial (*Interiors, September*) ; le chassé-croisé amoureux (*Manhattan, Midsummernight's Sex Comedy*) ; l'autoportrait (*Stardust Memories*) ; le documentaire-reportage télévisuel sous forme d'enquête et d'interviews (*Take the Money and Run, Zelig, Husbands and Wives*) ; le conte de fées (*Purple Rose of Cairo, Alice*) ; le conte moral à histoires parallèles (*Crimes and Misdemeanors*) ; la fable (*Another Woman, Mighty Aphrodite*) ; la parabole (*Shadows and Fog*) ; le film à intrigue policière (*Manhattan Murder Mystery*), vaudevillesque (*Bullets over Broadway*) ;
– classement en fonction des relations référentielles entretenues avec un univers, un genre, un artiste ou une œuvre : les films ayant pour cadre le monde du spectacle (le cinéma : *Zelig, Purple Rose of Cairo, Alice, Manhattan Murder Mystery*; la radio : *Radio Days*; le théâtre : *Bullets over Broadway*; le music-hall : *Broadway Danny Rose*) ; les films qui font référence, sur le mode de la parodie ou de l'assimilation, à un genre cinématographique ou télévisuel (le film policier semi-documentaire des années quarante :

Take the Money and Run, le film de science-fiction et le slapstick : *Sleeper* ; le documentaire à base de documents d'archives : *Zelig* ; le *reality show* et le reportage télévisé : *Husbands and Wives* ; le thriller : *Manhattan Murder Mystery* ; le film de gangsters : *Bullets over Broadway* ; la comédie musicale : *Everyone Says I Love You*) ; les films qui jouent sur la référence, explicite ou implicite, à des maîtres ou œuvres particulières : *Guerre et Paix* de Tolstoï : *Love and Death* ; Bergman : *Interiors* ; Fellini et *Huit et demi* : *Stardust Memories* ; Bergman et Shakespeare : *Midsummernight's Sex Comedy* ; *Citizen Kane* de Welles : *Zelig* ; *Sherlock Junior* de Buster Keaton : *Purple Rose of Cairo* ; *Amarcord* de Fellini : *Radio Days* ; *Persona* et *Sonate d'automne* de Bergman : *Another Woman* ; *Crime et châtiment* de Dostoïevski : *Crimes and Misdemeanors* ; *Le Procès* de Kafka filmé par Welles, le cinéma expressionniste, *La Nuit des forains* de Bergman : *Shadows and Fog* ; Cassavetes[8] : *Husbands and Wives* ; *Rear Window* de Hitchcock, *Double Indemnity* de Billy Wilder, *The Lady from Shanghai* de Welles : *Manhattan Murder Mystery* ; *All about Eve* de Mankiewicz : *Bullets over Broadway* ; *Meet Me in St. Louis* et *An American in Paris* de Minnelli : *Everyone Says I Love You*)...

Derrière cette diversité, trop réglée voire répétitive pour ne pas être volontariste, il y a chez Woody Allen non seulement le désir de se renouveler à chaque film et d'élargir sa palette, mais aussi le souci constant de faire ses gammes et d'avancer vers ce qu'il appelle le grand cinéma[9]. Une approche chronologique du corpus allenien fait très vite apparaître que l'on a affaire à une œuvre *in progress* et en progrès, l'œuvre d'un auteur-réalisateur-interprète qui très tôt s'est posé le problème de son cheminement artistique, de l'inscription

8. Référence contestée par Woody Allen qui, dans un entretien accordé aux *Cahiers du cinéma* (n° 472) déclarait : « [...] je n'ai pas pensé à Cassavetes car je n'aime pas tant que ça ses films. »
9. Alors qu'au tournant des années soixante-dix/quatre-vingts, le cinéaste-cinéphile cherchait le modèle de ce grand cinéma du côté des grands maîtres européens (Bergman, Fellini, Buñuel, Renoir...), il semble, depuis le milieu des années quatre-vingts, plutôt trouver ses modèles du côté du cinéma de répertoire américain (Minnelli, Hitchcock, Wilder, Welles...).

de son travail dans la durée, et qui a vécu son rapport au cinéma comme un lent apprentissage. Comment évoluer et/ou comment être reconnu ? Telles sont les questions qui informent l'itinéraire sûr et prudent d'un apprenti-cinéaste-caméléon désireux d'être aimé pour ce qu'il voudrait être. L'évolution cinématographique de Woody Allen correspond grossièrement à une trajectoire menant du burlesque à la comédie sérieuse, et traduit la maturation progressive d'un amuseur de cabaret devenu auteur à part entière, puis cinéaste accompli. Plusieurs étapes scandent cette évolution/apprentissage, étapes que l'on peut déterminer et analyser à travers l'influence qu'ont exercée sur le cinéaste d'abord les femmes-actrices qui l'ont inspiré et ensuite les opérateurs avec lesquels il a collaboré.

Considérée du point de vue de ses inspiratrices, l'œuvre de Woody Allen jusqu'en 1997 connaît quatre périodes.

– Les années « pré-Diane Keaton » (1969-1972) : période des comédies nonsensiques (*Take the Money and Run*, *Bananas*, *Everything You Always Wanted to Know About Sex but Were Afraid to Ask*) où Woody Allen, encore sous l'influence de son récent passé de gagman et de dialoguiste, ne conçoit le cinéma que comme une succession informelle de sketches humoristiques, essentiellement verbaux, reposant sur le principe de la parodie d'une forme télévisuelle ou cinématographique vidée de son contenu (à travers notamment le décalage entre le commentaire off et l'image).

– Les années « Diane Keaton »[10] (1972-1979) : période au cours de laquelle Woody Allen apprend peu à peu à partager la vedette avec sa partenaire féminine et, sous l'influence de son intellectuelle inspiratrice, se métamorphose d'amuseur de cabaret en comique cultivé et mûr qui n'hésite pas à se découvrir derrière son personnage, à parler de ses problèmes de couple et de créateur et à avouer son admiration pour Bergman, Fellini, la littérature russe... Cette métamorphose s'opère en deux temps : elle s'esquisse d'abord à travers deux comédies burlesques plus ambitieuses qui mettent en place le couple Allen-Keaton au sein d'une structure narrative moins infor-

10. Il faut noter que Diane Keaton apparaissait déjà dans *Play It Again Sam* (1972) d'Herbert Ross et qu'on la retrouvera dans *Radio Days* (1987) et surtout dans *Manhattan Murder Mystery* (1992) où le couple d'*Annie Hall* est reformé.

melle (*Sleeper, Love and Death*), puis s'épanouit dans la trilogie de la maturité (*Annie Hall, Interiors, Manhatttan*).
– Les années « Mia Farrow » (1982-1992) : période de douze films qui s'ouvre sur un optimisme retrouvé, avec *Zelig*[11], une fable sous forme de faux documentaire sur l'investigation d'une personnalité-caméléon (Woody Allen) guérie par une psychiatre amoureuse (Mia Farrow) et qui se termine par le retour du pessimisme, avec *Husbands and Wives*, un psychodrame sous forme d'enquête-interviews sur la séparation d'un couple (Mia Farrow-Woody Allen). Si la rencontre avec Diane Keaton avait permis à Woody Allen de faire au cinéma l'apprentissage névrotique de l'autre, un autre qui par son altérité intellectuelle et bavarde mettait en danger le héros allenien et l'obligeait à résister, la rencontre avec Mia Farrow va permettre au cinéaste d'abord de faire l'apprentissage apaisant de l'imaginaire (*Midsummernight's Sex Comedy, Zelig, Broadway Danny Rose*) puis de s'effacer derrière les personnages, incarnés par l'actrice-caméléon[12], au point de disparaître complètement de l'écran pour laisser son double féminin assumer ses fantasmes (*Purple Rose of Cairo, Alice*), occuper le centre d'un univers familial (*Hannah and Her Sisters, Radio Days*), exprimer ses angoisses (*September, Another Woman*).
– Les années « post Mia Farrow » (1992-) : période de la sérénité reconquise au cours de laquelle le cinéaste semble s'abandonner aux joies simples d'un cinéma de pur divertissement, nourri non plus par l'admiration des maîtres européens, mais par le souvenir nostalgique des pères américains...

Étudié à la lumière des chefs opérateurs avec lesquels le réalisateur a travaillé et appris son métier, le corpus allenien laisse apparaître, entre 1969 et 1997, trois grands cycles d'évolution.

11. Même s'il suit chronologiquement *Midsummernight's Sex Comedy, Zelig* est un film sur lequel Woody Allen travaillait déjà depuis l'époque de *Stardust Memories*.
12. Comparant les deux actrices que sont Diane Keaton et Mia Farrow, Woody Allen déclarait : « Diane possède un très grand talent comique mais elle est toujours la même. Elle-même. Mia est toujours quelqu'un d'autre, un personnage. »

– Les années « anarchiques » (1969-1975) : Woody Allen *réalise*, avec six chefs opérateurs différents, une série de six comédies burlesques où la caméra se contente d'enregistrer dans un style télévisuel des sketches qui sont le plus souvent coupés et juxtaposés les uns aux autres sans aucun rythme. « À l'époque, reconnaîtra plus tard Woody Allen, je pensais que les films comiques devaient être spontanés, décousus, semi-bâclés; un peu brouillons mais énergiques comme les films des Marx Brothers. »[13] Seul *Love and Death* (1975), film de transition (avec gros budget, tournage en extérieur, costumes d'époque, figuration abondante, une histoire avec début et fin, et surtout la présence du célèbre chef opérateur Ghislain Clocquet) marque une certaine ambition plastique sans qu'on puisse pour autant parler de style propre et encore moins de mise en scène.
– Les années « Gordon Willis » (1977-1985) : la série de huit films (de *Annie Hall* à *Purple Rose of Cairo*) mis en image par le grand chef opérateur américain apporte à Woody Allen la reconnaissance artistique tant espérée, d'abord en tant qu'auteur (dès *Annie Hall* et sa construction en flashback), puis en tant que cinéaste (avec *Manhatttan* et sa magnifique photographie en noir et blanc). L'amuseur de cabaret se pique désormais de cinéma et, qui plus est, de cinéma d'auteur : « À présent, déclarait-il quelque peu naïvement en 1978, je vise à construire mes séquences, je fais des plans à la dolly, je fignole mon montage pendant des mois. Et je passe des journées à regarder les films européens dont nos critiques se moquent, où les personnages se promènent longuement dans la rue, ou demeurent assis et mangent. »[14] La collaboration avec Gordon Willis confère au cinéma de Woody Allen un cachet sobrement maniériste qui, outre quelques fioritures stylistiques ou trucages visuels, passe essentiellement par une *belle* image en noir et blanc (*Manhattan*, *Stardust Memories*, *Broadway Danny Rose*, les fausses images d'archives de *Zelig*, le film dans le film de *Purple Rose of Cairo*), aux couleurs raréfiées (*Interiors*) ou surannées (*Midsummernight's Sex Comedy*, *Purple Rose of Cairo*), et souvent sous-exposée ; une image qui sert d'accom-

13. *Positif* n° 215, février 1979, p. 11.
14. *Ibid.*

pagnement visuel aux discours et dialogues des personnages et tend à se substituer à une mise en scène dont la seule ressource (ou le seul expédient) consiste à refouler les locuteurs dans le hors-champ, à les noyer dans l'obscurité ou à les perdre dans la profondeur du décor pour laisser champ libre et libre écoute au flot, ininterrompu et au volume sonore constant, de la parole.

– Les « années Carlo Di Palma » (1986-1997) : si l'on excepte un intermède (1988-1989) de deux films et demi avec le prestigieux chef opérateur *bergmanien* Sven Nykvist (*Another Woman*, le sketch de *New York Stories*, *Crimes and Misdemeanors*), Woody Allen, pendant plus de dix ans, a confié son image au non moins prestigieux chef opérateur *antonionien*, Carlo Di Ponti, avec lequel il a déjà réalisé dix films (entre 1986 et 1987 : *Hannah and Her Sisters*, *Radio Days*, *September*; puis à partir de 1990 : *Alice*, *Shadows and Fog*, *Husbands and Wives*, *Manhattan Murder Mystery*, *Bullets over Broadway*, *Mighty Aphrodite*, *Everyone Says I Love You*, *Deconstructing Harry*...). Cette association a permis à Woody Allen de trouver dans son travail de réalisateur une sérénité et une liberté nouvelles : « J'ai beaucoup travaillé avec Gordon Willis, qui est probablement le plus grand des chefs opérateurs américains – déclarait le réalisateur de *Bullets over Broadway* en 1995 – mais il a besoin, pour obtenir les effets qu'il recherche, que vous soyez très précis. Il ne faut pas trop bouger la caméra tellement son éclairage est méticuleux. Si l'on se déplace d'un centimètre, cela change tout. Sa plastique est parfaite comme dans une toile de Rembrandt. Carlo est différent : il règle ses lumières de façon plus générale, et je peux me déplacer très librement. »[15] De son côté, Carlo Di Palma explique : « Il n'avait jamais utilisé le zoom, et je le lui ai apporté. Maintenant il ne peut plus vivre sans. Il ne s'en sert pas seulement pour faire des mouvements au zoom. Mais quand on fait un travelling, un mouvement, la composition est plus facile avec zoom, au lieu de changer d'objectif chaque fois, de faire des coupes et des coupes. Une autre chose que j'aime beaucoup est de faire bouger la caméra, sans arbitraire bien sûr. Avec Woody, c'est très facile parce qu'il y a de

15. *Positif* n° 408, février 1995, p. 28.

longs dialogues, et cela évite les habituels champs-contrechamps. »[16] Après les contraintes du « cinéma photographié » de Gordon Willis, Woody Allen découvre avec Di Palma les facilités d'un cinéma fait sur le vif, dans la continuité d'une prise de vue dont les mouvements miment, accompagnent ou enregistrent les déplacements d'acteurs en liberté[17]. Tout se passe comme si le filmage n'était plus qu'une sorte de faux documentaire sur une réalité fictionnelle profilmique qu'il s'agit de mettre en boîte, d'emballer sans en affecter le contenu, c'est-à-dire sans que le cinéma ait son mot à dire.

LA GESTION DU CINÉMA

De son faux premier film, *What's up, Tiger Lily?* (1966) où le comique s'emparait d'un film de série Z et en supprimait le contenu diégétique en remplaçant la bande sonore par une narration off et des dialogues délirants, à *Everyone Says I Love You* (1996) où le cinéaste revisite le monde de la comédie musicale, Woody Allen n'a jamais cessé de faire appel et référence au cinéma : en détournant et parodiant ses formes (de *Take the Money and Run* à *Sleeper*), en falsifiant ses images (*Zelig*), en pastichant ses auteurs et leur style (Antonioni et Bertolucci dans l'épisode italien de *Everything You Always Wanted to Know About Sex but Were Afraid to Ask*, la fin de *The Lady from Shanghai* de Welles dans *Manhattan Murder Mystery*) ; en citant des extraits de film (*Duck Soup* de McCarey dans *Hannah and Her Sisters*, *This Gun for Hire* de Frank Tuttle et

16. *Positif* n° 432, février 1997, p. 17.
17. À propos de *Husbands and Wives*, qui est le film où Woody Allen a pris conscience de ce qu'il appelle sa « nouvelle méthode » et où il l'a poussée le plus loin, le réalisateur-interprète explique : « [...] j'ai dit aux acteurs : "Allez où bon vous semble, marchez où vous voulez. Marchez dans les zones d'ombre, en pleine lumière, jouez la scène comme vous la sentez". Ensuite j'ai dit à l'opérateur : "Filme ce que tu peux ! Si ça ne marche pas, il faut que tu refasses la prise. Trouve toi-même le moyen de réussir." Et nous n'avons pas fait une seule répétition avec la caméra et avec l'éclairage. Nous entrions, il prenait sa caméra et filmait la scène tandis que nous faisions de notre mieux » (dans *Cahiers du cinéma* n° 462, p. 12).

Mr. and Mrs Smith de Hitchcock dans *Crimes and Misdemeanors*, *Double Indemnity* de Billy Wilder dans *Manhattan Murder Mystery*) ; en s'inspirant de ses maîtres et de leurs œuvres (Bergman, Fellini, Welles, Hitchcock, Minnelli...) ; en rendant des hommages cinéphiliques (*Face à Face* de Bergman et *Le Chagrin et la pitié* de Marcel Ophüls dans *Annie Hall*, Jean Renoir et W. C. Fields dans *Manhattan*) ; en réinvestissant ses genres (la comédie, le film noir, le film de gangster, la comédie musicale) ; en le prenant comme cadre et sujet de ses films (*Stardust Memories, Purple Rose of Cairo*). Pourtant, si l'on essaie d'aller au-delà de cette insistance référentielle et si l'on creuse la relation que l'auteur-réalisateur entretient avec le septième art, on est très vite confronté à l'un des paradoxes majeurs de l'univers allenien : on y parle beaucoup de cinéma, mais le cinéma n'y dit pas grand-chose.

Au même titre que les autres matériaux à partir desquels l'auteur de *Annie Hall* a construit son identité cinématographique (la culture intellectuelle, la culture juive, la psychanalyse, le jazz...), le cinéma n'est utilisé par Woody Allen que comme un fonds de commerce qu'il gère soit comme hypotexte facile à détourner, parodier, pasticher, falsifier, citer ou paraphraser, soit comme un décor où le cinéaste peut mettre en scène des artistes et faire évoluer ses personnages sans contrainte. Dans les deux cas, le recours au cinéma s'inscrit dans une démarche de fuite qui consiste moins à interroger la pratique de l'intertextualité ou à poser la question du spectacle et de l'articulation réalité/fiction qu'à filmer et vivre par procuration : à se cacher, tel le personnage de *Zelig*, derrière des formes acceptées et reconnues par tous, et à trouver refuge, tel le personnage de *Purple Rose of Cairo*, dans un univers protégé où tout est possible.

La relation de Woody Allen au septième art est avant tout une relation d'enfant gâté qui se caractérise par une permissivité pragmatique et/ou un pragmatisme permissif. Cette logique du « tout est permis » non seulement sous-tend la vision somme toute superficielle que l'auteur-cinéphile donne du monde du spectacle (de *Purple Rose of Cairo* à *Everyone Says I Love You*), mais elle détermine aussi, ce qui est plus grave, la pratique, quelque peu paresseuse, du scénariste et du réalisateur.

Pour l'auteur, le cinéma n'est qu'un moyen d'échapper à la réalité en se dissimulant derrière ses gags (les premiers films), en réécrivant à son avantage les événements de sa propre vie (de *Annie Hall* à *Stardust Memories*, puis *Husbands and Wives*), en se rêvant d'autres existences (*Purple Rose of Cairo, Alice*), en se glissant impunément dans l'Histoire (*Zelig*) et dans des scénarios hollywoodiens (*Crimes and Misdemeanors, Manhattan Murder Mystery*) ou kafkaiens (*Shadows and Fog*)...

Pour le scénariste, écrire un scénario c'est fuir les contraintes d'un récit linéaire, articulé sur les relations de cause à effet et obéissant aux principes dramatiques de liaison et de progression des événements, pour se réfugier dans des structures narratives informelles ou lâches (films à sketches ou en flashback, sous la forme éclatée de la chronique ou du documentaire télévisuel, à intrigues entrecroisées ou à histoires parallèles...) qui lui permettent non seulement de confier la narration à un personnage qui commente l'histoire en voix off (*Everyone Says I Love You*[18]) ou à un interviewer-reporter invisible (*Zelig, Husbands and Wives*[19]), mais surtout de ne pas assumer les conséquences des situations dans lesquelles il met ses personnages et d'interrompre à son gré le récit ou les scènes pour passer à autre chose. Cette stratégie de l'évitement ou du zapping condamne le scénario allenien à décliner jusqu'à l'essoufflement, sur le mode de la combinatoire ou du catalogue, une idée de départ certes souvent séduisante (*Zelig* : l'idée de l'homme-caméléon qui s'insinue dans

18. Interrogé à propos d'*Everyone Says I Love You*, sur le fait d'avoir eu recours à une narratrice qui assure le commentaire, Woody Allen se justifiait en déclarant : « Quand vous réalisez un film qui n'est pas strictement linéaire, qui conjugue des groupes de personnages et s'étend sur plusieurs saisons, il me semble nécessaire d'établir un lien entre ces différents éléments, ce que permet le narrateur. Je m'en suis servi souvent dans mes films que ce soit *Manhattan*, *Annie Hall* ou *Radio Days*. [...] Cela me permet aussi de sauter d'une anecdote à l'autre, d'être elliptique tout en maintenant une perspective cohérente » (dans *Positif* n° 432, février 1997, p. 10).
19. Quand on demanda à Woody Allen, qui est dans son esprit cet enquêteur qui mène l'interview dans *Maris et femmes*, il se contenta de répondre : « Je n'y ai jamais pensé. Simplement le public. C'est une façon très pratique de permettre aux personnages de s'exprimer » (dans *Cahiers du cinéma* n° 462, décembre 1992, p. 13).

une Histoire déjà écrite et filmée; *Purple Rose of Cairo* : l'idée du personnage de film qui sort de l'écran ; *Bullets over Broadway* : l'idée du gangster qui corrige en coulisse le texte de l'auteur), mais que le cinéaste se contente de mettre en place puis de gérer sans jamais aller au bout de sa logique dramatique. Tout se passe comme si, pour ne pas laisser son scénario lui échapper et l'entraîner vers des zones incertaines, Woody Allen préférait, au risque de le désamorcer, le verrouiller, le boucler sur lui-même, sur cette idée de départ astucieuse qu'il s'agit simplement de faire fonctionner et d'illustrer sans aucune ambiguïté de signification. *Zelig* est tout à fait emblématique de cette tendance à réduire la mise en récit à la gestion d'une seule idée : non seulement l'intrigue passe à l'arrière-plan derrière la performance technique des trucages visuels, mais le message lui-même est délivré de façon explicite par les intellectuels interviewés dans le film comme si l'auteur voulait à tout prix devancer et maîtriser l'interprétation de sa fable. Dans *Purple Rose of Cairo*, le récit apparemment linéaire ne fait que décliner de façon systématique et peu productive ce qui se passerait à l'intérieur de la fiction et dans la *réalité* si le personnage d'un film sortait de l'écran.

Pour le réalisateur enfin, filmer c'est esquiver le problème de la mise en scène en se réfugiant dans une sorte d'espéranto audiovisuel fondé sur le recours, de plus en plus systématique, au plan long. Ce refus du découpage et du montage relève moins d'un parti pris esthétique déterminé par la logique dramaturgique de la scène à filmer que d'un pragmatisme paresseux qui permet à Woody Allen, tout en simplifiant à l'extrême le tournage et le montage de ses films, de se démarquer du style de filmage, en plans rapprochés et en champs-contrechamps, de la production standard et notamment des téléfilms américains. Qu'il filme une parabole kafkaïenne dans un décor et une lumière expressionnistes (*Shadows and Fog*), une enquête policière aux allures de thriller (*Manhattan Murder Mystery*), un psychodrame sur le mode du documentaire télévisuel (*Husbands and Wives*), un vaudeville de gangsters dans l'univers du théâtre (*Bullets over Broadway*) ou une comédie musicale (*Everyone Says I Love You*), le cinéaste adopte toujours la même stratégie de réalisation visuelle qui consiste à enregistrer en continu l'action diégétique. Quand, à propos de *Everyone Says I Love You*, on demanda à Woody Allen si le fait de tourner une comédie musicale avait entraîné des changements dans sa façon de filmer, le cinéaste s'empressa de répondre : « j'ai tourné et monté exactement comme à l'ordinaire. Les numéraux musicaux sont presque tous filmés en plans-séquences, ce que j'aime par-dessus tout [...]. Si j'ai coupé, c'est que c'était absolument nécessaire. »[20] Cette nécessité n'est encore une fois jamais subordonnée à un impératif éthique et/ou esthétique, mais seulement à la gestion pratique du tournage. Chez Woody Allen, pas plus le plan-séquence que le montage ne sont affaire de morale. S'il y a une morale allenienne, c'est toujours une morale, souvent conformiste, du contenu et jamais de la forme; s'il y a une résolution ou une leçon, elles sont toujours données comme des ficelles de scénariste (*Manhattan Murder Mystery*, *Crimes and Misdemeanors*), et jamais imposées par la pertinence des choix du metteur en scène. Ainsi dans *Purple Rose of Cairo*, quand il s'agit de mettre en image l'idée centrale du scénario et de montrer le personnage du film sortant de l'écran ou inversement le personnage de Mia Farrow entrant dans l'écran, loin de travailler la figure du passage et de trouver une solution cinématographique, Woody Allen se contente de la solution de facilité et n'hésite pas cette fois (mais quelle fois !) à couper, se satisfaisant d'un vulgaire champ-contrechamp qui désamorce toute la magie de la scène et relève du mauvais tour de passe-passe. À la fin de *Shadows and Fog*, au lieu de filmer la scène de prestidigitation dans le cirque en plan-séquence, comme l'aurait exigé la déontologie du cinéaste-magicien et comme l'aurait fait Orson Welles par exemple, Woody Allen au contraire use et abuse du montage, d'abord en faisant disparaître et réapparaître l'assassin, puis en constatant sa disparition par de faciles et banals changements de plan qui *trichent* avec la logique interne de l'action représentée. Dans *Crimes and Misdemeanors*, le personnage incarné par Woody Allen, pourtant présenté comme un réalisateur de télévision cinéphile, intègre et malchanceux, n'éprouve aucun état d'âme à manipuler au montage le documentaire qu'il a réalisé sur son beau-frère, à la seule fin de ridiculiser ce dernier aux yeux de la femme dont il est amoureux.

20. *Positif* n° 432, février 1997, p. 13-14.

De la gestion à la manipulation, il n'y a qu'un pas, un faux pas que le scénariste-réalisateur fait trop souvent, à force de vouloir toujours avoir le dernier mot et faute de croire au cinéma. Sans doute est-ce pour cela que, comme le rappelait Serge Daney, « JLG n'aime pas du tout Woody Allen qu'il trouve manipulateur, jaune, ne disant pas »[21].

21. Serge Daney, *L'exercice a été profitable, Monsieur*, Paris, POL, 1993, p. 254.

IV
DESTINS DE CINÉMA

DESTINS CROISÉS : EDWARD YANG ET HOU HSIAO HSIEN

En 1984, a émergé simultanément en Chine continentale (avec la réalisation de *Terre jaune* de Chen Kaige), à Hong Kong (avec la création par Tsui Hark de sa propre maison production) et à Taïwan (avec le tournage de *Ce jour-là sur la plage* d'Edward Yang), ce qu'on a pris l'habitude d'appeler le nouveau cinéma chinois. Au sein de ce cinéma des trois Chines, c'est assurément de Taïwan que sont venues les œuvres qui ont laissé les traces les plus profondes et ouvert les voies les plus riches et les plus stimulantes. Cette petite île – que l'impératrice Ci Xi céda au Japon en 1895, d'où les Japonais se retirèrent en 1945 après un demi-siècle d'occupation, où en 1949 les troupes du Kuomintang trouvèrent une terre d'exil et établirent une dictature de parti unique (Taiwan n'aura ses premières élections libres qu'en 1987) et que la Chine populaire et son Parti communiste revendiquent aujourd'hui comme une de ses provinces –, ballottée par les soubresauts de l'Histoire et déchirée par les incertitudes identitaires et culturelles, a produit, hasard, génie du lieu ou de la géopolitique, deux des plus grands cinéastes de la fin du XXe siècle : Hou Hsiao Hsien et Edward Yang, deux frères de cinéma qui à travers leurs parcours croisés et éminemment personnels ont su filmer dans les vides de l'Histoire de Taïwan, rétablir un passé jamais dit, jamais filmé et questionner leur présent pour rejoindre voire devancer les préoccupations les plus universelles du cinéma contemporain.

Si, depuis notamment le Lion d'or remporté en 1989 à la Mostra de Venise pour *La Cité des douleurs*, Hou Hsiao Hsien est un cinéaste reconnu dont les films sont montrés, célébrés et récompensés, Edward Yang, décédé le 29 juin 2007, reste encore un auteur à découvrir.

Même le succès de *Yi Yi* qui lui valut, à 53 ans, le prix de la mise en scène au festival de Cannes en 2000, n'a pas suffi à sortir de l'ombre une œuvre commencée en 1982 et qui ne compte que sept longs métrages et presque autant de chefs-d'œuvre : *Ce jour-là sur la plage* (1984), *Taipeh Story* (1985), *Le Terroriste* (1986), *Une belle journée d'été* (1991), *Confusion chez Confucius* (1994), *Mahjong* (1996), *Yi Yi* (2000). Difficile d'expliquer ce caprice de la reconnaissance alors que tout semble réunir ces deux figures de proue de la Nouvelle Vague taïwanaise dans un destin commun : le talent d'abord ; l'amitié ensuite (après un rôle secondaire dans *Ce jour-là sur la plage*, Hou Hsiao Hsien interprète Lon, le personnage principal dans *Taipei Story*, film dont il est aussi le co-scénariste) ; l'appartenance surtout à une génération qui arrive au cinéma à un moment où vacillait l'illusion sur laquelle Tchan Kaï-check avait établi son régime (Taïwan comme seule Chine légitime) et où l'Histoire était à réécrire et le temps présent à filmer sur le vif des conflits entre tradition et modernité ; le souci enfin de porter un regard moral et sans jugement sur leurs personnages, souvent des adolescents saisis dans les turbulences et incertitudes du passage à l'âge adulte.

Proches sur bien des points, Hou Hsiao Hsien et Edward Yang n'en sont pas moins très différents dans leur manière d'appréhender la réalité et de lui donner une consistance cinématographique. Alors que Hou Hsiao Hsien voit le monde depuis la campagne et ses racines populaires, Edward Yang l'aborde depuis la ville (Taipeh, agressive et fascinante, avec ses néons tapageurs, ses sirènes stridentes, ses embouteillages klaxonnant, ses rues populeuses, ses hauts buildings de béton et de verre et ses longues avenues impersonnelles et grises, est le cœur névralgique de tous ses films) et ses origines bourgeoises. Si l'univers de Hou Hsiao Hsien, plus ancré dans la tradition, est imprégné de nostalgie et de résonances autobiographiques, le cinéma urbain d'Edward Yang, puisant son matériau fictionnel à la source du fait divers, se révèle plus tragique (*Ce jour-là sur la plage* s'articule autour de la disparition d'un homme ; *Le Terroriste* s'ouvre sur une fusillade et se termine par un suicide sanglant ; à la fin de *Taipeh Story*, le héros est poignardé par un voyou ; dans *Une belle journée d'été* un adolescent de quatorze ans tue sa petite amie…) et plus proprement romanesque (les récits très fragmentés de ses films, construits sur des emboîtements temporels, l'éclatement des lieux, la simultanéité des histoires, le croisement de trajectoires individuelles, tissent une véritable toile où se projette, se noue et se dénoue en autant de points de fiction le destin des personnages). Tandis que Hou Hsiao Hsien, par ses partis pris stylistiques, son attention au quotidien, à la lenteur et à la durée des choses, s'inscrit dans l'héritage de Yajusiro Ozu auquel il rend un bel hommage dans *Café Lumière* (2004), Edward Yang, plus influencé par l'Occident (il a fait ses études et vécu aux États-Unis) et la culture européenne, se situe plutôt dans le sillage des cinéastes des années soixante et soixante-dix comme Wim Wenders et surtout Michelangelo Antonioni avec lequel il partage bon nombre de thèmes (de l'incommunicabilité à la crise du couple en passant par la disparition) et une même qualité d'abstraction dans le travail formel sur l'espace et l'architecture urbaine (l'espace se déploie selon une géométrie très complexe qui emprisonne les personnages dans un excès de formes, réseau de lignes verticales et horizontales, de vitres ouvertes sur le vide, de couloirs fuyant vers la lumière ou se perdant dans l'obscurité).

Loin d'être écrasante, cette référence n'éclaire qu'un aspect de l'art d'Edward Yang. En voyant ce chef-d'œuvre absolu de l'histoire du cinéma qu'est *Une belle journée d'été*, on pense aussi à Nicholas Ray et à *La Fureur de vivre*, à Michael Cimino..., mais comparaison n'est pas raison et s'il y a une raison de trouver du génie à Yang, elle est peut-être dans sa capacité à faire coexister clandestinement dans un même plan, souvent fixe, le chaos et la beauté du monde, l'évidence et la confusion des sentiments.

DESTINS PARALLÈLES : INGMAR BERGMAN ET MICHELANGELO ANTONIONI

Le 30 juillet 2007, Ingmar Bergman et Michelangelo Antonioni, deux phares du septième art européen se sont éteints l'un après l'autre, à quelques heures d'intervalle et près de deux mille kilomètres de distance. Ils ont abandonné paisiblement un monde qu'ils ont si intensément habité et dont ils n'ont cessé, à la lueur inquiète et vigilante de leur caméra, d'éclairer les abîmes les plus sombres et les plus tumultueux : l'un à 89 ans, à l'aube, dans sa maison sur l'île suédoise de Faarö en Baltique, où il s'était retiré ; l'autre à 95 ans, le soir, à son domicile romain, comme si, malgré l'aphasie dont il était atteint depuis 1985, il avait tenu à avoir le dernier mot et partir avec ce temps de retard, et jamais tout à fait mort, qu'il aimait tant à filmer, assuré de laisser derrière lui un champ vide ou presque ; puisque de sa génération, la dernière à avoir tutoyé les origines du cinéma, il ne reste plus que l'inégalable Manoel de Oliveira, né en 1908, qui a commencé à tourner au temps du muet... Faut-il voir dans la coïncidence troublante, pour ne pas dire heureuse, de la mort de ces deux statues de Commandeur du cinéma d'auteur moderne, un coup de pouce du destin qui, contrairement à nos deux cinéastes peu enclins aux compromis narratifs, se laisserait aller à quelque facilité de scénario ou illusion de montage, pour réunir, tels qu'en eux-mêmes enfin, Ingmar et Michelangelo dans des trajectoires parallèles ?

Peut-être. Car s'ils ont conjugué la modernité du cinéma sur des modes différents : l'un en homme de théâtre, l'autre en peintre, l'un par la puissance de la parole, l'autre par le silence du regard, l'un jusqu'au péché, l'autre jusqu'à la désaffection, l'un tourné vers le passé, l'autre vers le futur..., les concordances de temps ne manquent pas dans le parcours de ces artistes qui ont incarné ce moment, dit moderne, de l'histoire du septième art où des auteurs, dès avant les nouvelles vagues, ont osé mettre à mal les codes narratifs classiques pour questionner le lien qui unit l'homme au monde et se confronter aux maladies existentielles de leur temps. Bien que très différentes par le nombre d'œuvres réalisées – une filmographie pleine d'une quarantaine de longs métrages pour l'un, contre une filmographie évidée, trouée par les projets avortés, comptant seulement une quinzaine de longs métrages pour l'autre –, les carrières de Bergman et d'Antonioni couvrent une même période, six décennies au cours desquelles ils ont profondément changé notre manière de voir les films.

Ingmar, né en 1918, à Uppsala, où il reçut une éducation sévère sous la férule d'un père luthérien, arrive au cinéma, après des études d'histoire et de littérature à Stockholm, par le théâtre ; Michelangelo, né en 1912, à Ferrare, dans le Nord de l'Italie au sein d'une famille bourgeoise, y accède, après des études en sciences économiques à Bologne, par le journalisme et la critique. L'un réalise son premier opus en 1945 avec *La Crise*, un mélodrame où se dessinent déjà quelques-unes de ses obsessions (déchirement du couple, violence et la répression du désir), suivront une dizaine de films de jeunesse qui lui permettront de se dégager peu à peu de ses influences premières (Sjöström, l'expressionnisme allemand, le réalisme poétique français) pour, dans les années cinquante, donner ses premiers chefs-d'œuvre (*Jeux d'été*, *L'Attente des femmes*, *Un été avec Monika*) et rencontrer enfin la reconnaissance internationale avec des films aussi différents et marquants que *Sourires d'une nuit d'été*, *Les Fraises sauvages*, *Le Septième Sceau* et *Le Visage*. L'autre tourne sa première œuvre entre 1943 et 1947, *Les Gens du Pô*, un documentaire placé sous les auspices d'un néo-réalisme naissant dont il se détachera assez rapidement, après quelques courts métrages, pour en intérioriser et subjectiver l'héritage dès 1950 avec *Chronique d'un amour* son premier long métrage, puis avec *La Dame sans camélias* et *Femmes entre elles* et enfin *Le Cri*, autant de films où, à travers une narration introspective et une attention toute particulière aux décors, s'affirme la singularité du style antonionien.

Le début des années soixante marque un tournant dans l'œuvre des deux cinéastes qui, avec chacun une trilogie – celle dite du « silence de Dieu » (*À travers le miroir*, *Les Communiants* et *Le Silence*) pour l'un et celle appelée *a posteriori* « de l'incommunicabilité » (*L'Avventura*, *La Nuit* et *L'Éclipse*) pour l'autre –, s'aventurent jusqu'au bout du dépouillement formel et de l'épuisement narratif, sur des terrains encore inexplorés : l'un pour traquer le mystère des âmes au plus près des visages, l'autre pour saisir le mystère des sentiments à fleur du vide, mystère qui se conjugue chez l'un comme chez l'autre au féminin.

En 1964, tous deux passent à la couleur. Bergman plus timidement avec *Toutes ses femmes* : il reviendra au noir et blanc avec *Persona* – sublime face à face entre une infirmière et une actrice mutique (Liv Ullmann qui entre par ce chef-d'œuvre dans son cinéma) – avant de l'adopter définitivement à partir d'*Une Passion* (1969) et d'en tirer toute la force affective et symbolique dans ses films magistraux des années soixante-dix (*Cris et chuchotements* ; *La Flûte enchantée, L'Œuf du serpent, Sonate d'automne*). Antonioni plus expérimentalement, avec le magnifique *Désert rouge* qui clôt le cycle Monica Vitti : il n'abandonnera plus la couleur quand il quittera l'Italie pour aller promener ailleurs son regard énigmatique avec *Blow up* en 1966 (film de la consécration, dans le *swinging London*), puis *Zabriskie point* (dans l'Amérique de la contre-culture), *Chung Kuo* (grand documentaire sur la Chine de Mao) et *Profession reporter* (tourné en Afrique et du nord au sud de l'Europe).

L'année 1982 sonne pour le maître suédois et le maestro italien le temps du retrait. Temps apaisé du retour vers l'enfance pour l'un qui avec *Fanny et Alexandre* (1982) signe un film-somme qui éclaire d'un jour autobiographique les grands thèmes de son cinéma, avant de faire ses adieux officiels au grand écran, sans abandonner pour autant le théâtre et la télévision où il achèvera sa carrière en 2003 sur un ultime et noir condensé testamentaire sur la vieillesse, *Sarabande*. Temps incertain de retour vers le futur et la création pour l'autre, qui après *Identification d'une femme* (1982), suite à une commotion cérébrale, se verra contraint de mettre des points de suspension à une œuvre que ne viendront plus compléter que quelques vibrants codicilles : *Par-delà les nuages* (avec l'aide de Wenders) en 1995 et enfin, en 2004, deux courts métrages, *Le Regard de Michel Ange* et *Le Fil périlleux des choses* (premier des trois épisodes d'*Eros*).

« Le cinéma, disait André Bazin, est le seul art qui se développe et vieillisse avec nous », et si la mort des grands cinéastes nous touche tant, c'est parce qu'avec eux, c'est un peu de notre croyance au monde qui disparaît, poussés vers un avenir auquel, après eux, nous avons toujours un peu la tentation de tourner le dos.

DESTIN COMMUN : DANIÈLE HUILLET ET JEAN-MARIE STRAUB

Le 9 octobre 2006, quelques jours avant que ne sorte sur un seul écran parisien *Ces rencontres avec eux* d'après les cinq derniers *Dialogues avec Leucò* de Cesare Pavese, la mort est venue et a fermé les yeux de Danièle Huillet, interrompant près d'un demi-siècle de compagnonnage avec Jean-Marie Straub et mettant un point final à une œuvre radicale et singulière qui s'est enfantée au pluriel : le cinéma des Straub et qui, film après film (vingt-cinq films entre 1962 et 2006), n'a cessé de questionner la capacité reproductrice du cinéma.

Le cinéma des Straub se situe à un extrême de la modernité cinématographique, là où, dans une filiation avec des cinéastes comme Dreyer, Renoir, Ford, Stroheim et les frères Lumière, le cinéma moderne, à force d'ascétisme, d'humilité et de respect des choses, retrouve la violence inaugurale et archaïque d'un cinéma des origines : cinéma non plus de la représentation, mais de la reproduction, non plus de la complicité métaphorique du sens, mais de la littéralité rugueuse, où le visible et le perceptible ne se transforment pas en signe et en fiction et où filmer revient à se confronter à ce qui du monde, des corps, des voix résiste à se laisser mettre en boîte dans une image.

Filmer des discours de résistance, reproduire dans la texture même du film la résistance sous toutes ses formes (résistance du réel au filmage, du monde aux œuvres, du sensible à l'idée, de la pensée à la réalité, du lieu au texte, du paysage à l'Histoire, du corps à l'espace, de la voix à l'image, de la parole à la langue...) ; laisser monter d'en deçà de la réalité l'écho du silence, de la rumeur et de l'inévidence des choses ; explorer, au cœur du réel, cette béance qui ne se laisse pas recouvrir et la porter à incandescence jusqu'à mettre à nu l'énigme du sensible et laisser affleurer la trace d'une vérité enfouie du monde : tels sont les enjeux d'une œuvre commune que Danièle Huillet et Jean-Marie Straub ont inaugurée dans le paysage disloqué de l'Allemagne des années soixante, avec *Non réconciliés* (1965), leur premier long métrage d'après le roman d'Heinrich Böll : *Les Deux Sacrements* (1959) et qui s'est refermée, réconciliée avec la nature originelle du monde, sur le Monte Pisano, près de Pise, avec le très beau *Ces rencontres avec eux* (2006) d'après les cinq derniers *Dialogues avec Leucò* de Cesare Pavese.

Tous les films des Straub-Huillet sont en quelque sorte des documentaires sur des œuvres d'art : sur des textes littéraires de Heinrich Böll (*Non réconciliés*), Franz Kafka (*Amerika-Rapports de classes*), Franco Fortini (*Fortini/Cani*), Cesare Pavese (*De la nuée à la résistance, Ces rencontres avec eux*), Hölderlin (*La Mort d'Empédocle,*

Noir Péché), Elio Vittorini (*Sicilia!, Ouvriers, paysans*), sur des pièces de théâtre de Pierre Corneille (*Othon*), Bertolt Brecht (*Leçons d'histoire*) et Sophocle (*Antigone*), sur des opéras de Schönberg (*Moïse et Aaron, Du jour au lendemain*), sur la musique de Johann Sebastian Bach (*Chronique d'Anna Magdalena Bach*) ou sur la peinture de Cézanne (*Cézanne*)... Ils mettent en scène le rapport de textes à des lieux et à des interprètes qui dans des lieux déterminés jouent ces textes ou les récitent. Il s'agit, en les filmant, de mettre les œuvres d'art, restituées avec un extrême respect et dans toute leur opacité, en contact avec la reproduction technique, les lacunes du réel, les aléas de la nature, le passage du temps, le corps, la voix, l'accent des interprètes..., et de voir comment le cinéma, en tant que moyen de reproduction, peut dialoguer avec elles, comment ça résonne, comment la parole notamment creuse l'espace pour révéler ce qui s'y cache : ses assises géologiques, le travail des siècles, la prégnance de l'humain, les traces d'une inscription.

Chaque film de Danièle Huillet et Jean-Marie Straub détermine et inscrit son propre espace dans un monde qui semble avoir cessé d'être habité et sur un sol qui étale ses défaillances, ses lacunes, ses entassements et où rien ne semble devoir avoir lieu que le lieu lui-même. Dans un espace qui s'expose soit comme un site archéologique, soit comme un paysage géologique, une voix (celle d'un acteur interprétant un personnage ou celle off d'un lecteur lisant un texte) s'élève pour parler de ce qui s'est passé ou tout simplement se tait, pour témoigner de ce qui a été et gît enfoui comme un potentiel encore actif qu'il s'agit littéralement d'exhumer comme un sous-venir qui actualise la double possibilité de l'absence et de la présence et parvient à résonner de l'âge immémorial du monde, comme une matière-résistance qui cristallise l'impossible surimpression (scission du « non réconcilié », « du trop tôt, trop tard », des hommes et des dieux, du texte et de l'image, du sens et du sensible)..., comme une énigme qui révèle la splendeur de l'irreprésentable et de l'irreproductible à un spectateur rendu à sa propre liberté critique et sommé d'inventer de nouvelles formes de réconciliation politiques et esthétiques avec le monde, les hommes, l'art et le cinéma !

CODICILE : TROIS FILMS DE(S) STRAUB

Triptyque de circonstance, la programmation, au printemps 2009, de trois films courts de Jean-Marie Straub avec et, pour la première fois, sans Danièle Huillet, a proposé aux amoureux de(s) Straub une expérience rare et troublante : reprendre pied dans une œuvre à demi-orpheline qui, tout en se continuant dans une fidélité radicale à elle-même, semble désormais résonner différemment. Comme si elle portait en son sein une absence qui ne se laisse pas recouvrir et vient faire écho au dialogue singulier entre Straub et le monde, entre le temps des hommes et celui des Dieux, entre le plan qui dure et la voix qui le creuse, entre le spectateur et le cinéma de Straub.

L'assemblage même de ces trois films, le lien amoureux qui les unit et les embrasse (deux courts métrages en couleur de Jean-Marie Straub encadrant un moyen métrage en noir et blanc de Straub-Huillet) dit à la fois la volonté d'enchaînement avec l'œuvre commune et le constat d'une rupture entre l'ici et l'avant, entre celui qui est resté du côté des mortels et celle qui est passée de l'autre côté en-deçà des apparences.

Le premier et le troisième volet de ce triptyque, *Le Genou d'Artémide* et *Le Streghe* (*Les Sorcières*), signés Jean-Marie Straub, prolongent le sillon tracé par l'ultime long métrage des Straub, *Ces rencontres avec eux* (2006) : une mise en site et en voix de deux magnifiques conversations (à deux personnages : Endymion et un étranger dans le premier volet, Circé et Leucothéa dans le troisième) des *Dialogues avec Leucò* (1947) de Cesare Pavese. S'ouvrant sur un long plan noir porté à incandescence par la musique de Mahler, *Le Genou d'Artémide* évoque, à travers la figure d'Endémyon et sa rencontre avec la déesse Artemise, le retour à la résignation de la vie de celui qui ne trouve plus la paix dans le sommeil et qui doit accepter la nuit qui lui échoit avec courage et à sa mesure de mortel. Plus vivant et parfois presque badin, *Le Streghe* met en scène le dialogue entre deux déesses, Leucò et Circé la magicienne qui, à force de caresser le souvenir laissé par Ulysse, est tentée par l'idée de se faire mortelle.

Quant au panneau central du triptyque, *Itinéraire de Jean Bricard*, le plus envoûtant, il superpose à de lents mouvements de caméra qui remontent un fleuve puis explorent, dans sa nature presque sauvage, une île d'où toute trace de présence et de passé semble s'être retirée, la voix rugueuse d'un homme (l'écrivain Jean Bricard enregistré en 1994 par le sociologue Jean-Yves Petiteau) qui raconte son enfance sur les rives de la Loire, l'Occupation, la résistance, et cette île Coton entre Liré et Ancenis, où, à la fin de la seconde guerre mondiale, passait la frontière entre les armées allemandes et américaines...

Sous une lumière automnale sublimement filmée, au fil de l'eau et du temps, le cinéma de Jean-Marie Straub et Danièle Huillet nous invite à nous souvenir avec nos yeux de mortels, d'un monde qui n'est plus. Car comme le dit Circé à Leuco dans « Le Streghe » : « L'homme mortel [...] n'a que cela d'immortel. Le souvenir qu'il emporte et le souvenir qu'il laisse. Ce sont des noms et des paroles. Devant le souvenir, ils sourient aussi résignés. »

TABLE DES MATIÈRES

Ce volume,
le sixième de la collection
« Essai caméra »,
publié aux éditions Klincksieck
a été achevé d'imprimer en mai 2012
sur les presses de la Nouvelle Imprimerie Laballery,
58500 Clamecy

N° d'éditeur : 00137
N° d'imprimeur : 204290
Dépôt légal : mai 2012